AL DESCUBIERTO CLAVES DE LA AUDITORÍA INTERNA

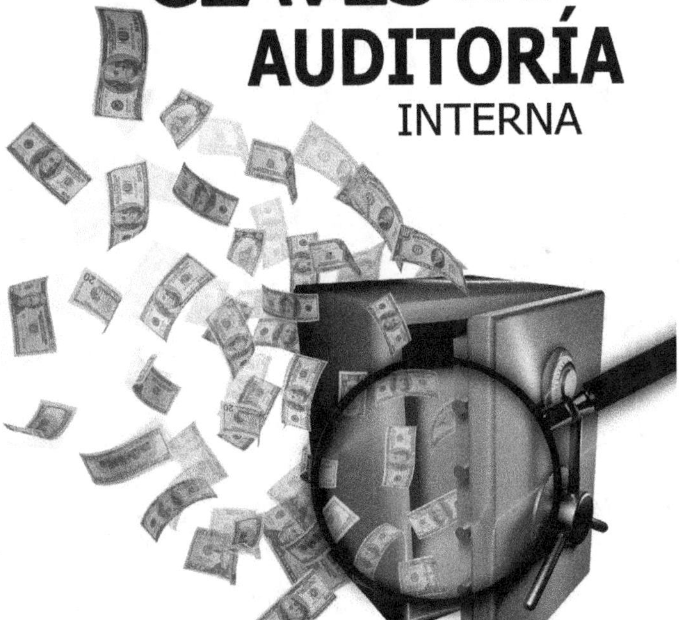

MIREYA GUERRERO PEÑA

AL DESCUBIERTO
CLAVES DE LA AUDITORÍA INTERNA
TOMO 1 FUNDAMENTOS

©Autor: **Mireya Guerrero Peña**
meyaguerrerop@gmail.com
Primera edición, junio 2019

©Diseño y Maquetación: ENZOft Ernesto Valdes
Revisión Técnica: Nelson Guillermo Requena González

ISBN-13: 9781728759180

Todos los derechos reservados. Bajo las sanciones establecidas en el ordenamiento jurídico, queda rigurosamente prohibido, sin autorización escrita de los autores del copyright, la reproducción total o parcial de esta obra por cualquier medio o procedimiento, comprendidos la reprografía y el tratamiento informático, así como la distribución de ejemplares mediante alquiler o préstamo públicos.

AL DESCUBIERTO
CLAVES DE LA AUDITORÍA INTERNA

TOMO 1 FUNDAMENTOS

Mireya Guerrero Peña

ÍNDICE

AGRADECIMIENTO 13
PRÓLOGO 15
INTRODUCCIÓN 19
CAPITULO 1 - EL CONTROL 31
INTRODUCCIÓN 32
EL CONTROL 33
DEFINICIÓN DE CONTROL 35
¿POR QUÉ EL CONTROL ES UNA BARRERA? 35
¿POR QUÉ SE DICE QUE EL CONTROL PUEDE
SER TANGIBLE O INTANGIBLE? 35
¿CUÁLES OBJETIVOS SE PRETENDEN ALCANZAR
COLOCANDO CONTROLES? 36
¿QUÉ TIENE QUE VER EL CONTROL CON RIESGOS?. 36
¿POR QUÉ LOS CONTROLES NO PERMITEN
ELIMINAR LOS RIESGOS Y DAR SEGURIDAD
ABSOLUTA? 37
¿A QUÉ SE REFIERE CON QUE EL CONTROL
SEA EFICAZ? 37
¿A QUÉ SE REFIERE CON QUE EL CONTROL
SEA EFICIENTE? 38
¿QUÉ TIENE QUE VER EL CONTROL CON LOS
OBJETIVOS Y METAS DE LA ORGANIZACIÓN? 38
¿QUÉ SON LOS OBJETIVOS DE UNA
ORGANIZACIÓN? 38
¿POR QUÉ PARA SELECCIONAR UN CONTROL
SE INDICA QUE DEBE EXISTIR UNA ADECUADA
RELACIÓN COSTO-BENEFICIO? 39
¿DE DÓNDE NACE EL CONTROL INTERNO? 40

CAPITULO 2 - RIESGOS 45
NECESIDAD DE SU ESTUDIO 46
DEFINICIÓN DE RIESGO 47
RIESGOS INHERENTES 47
RIESGOS DE CONTROL 49
RIESGOS DE DETECCIÓN 50
RIESGOS DE AUDITORÍA 52
EL FRAUDE FINANCIERO, OPERACIONAL
Y/O ADMINISTRATIVO 53
¿DE QUÉ FORMA SE DA EL FRAUDE? 54
¿CÓMO SE FACILITA LA PROBABILIDAD
DE OCURRENCIA DE FRAUDES? 54
¿CÓMO SE REDUCE LA PROBABILIDAD DE
OCURRENCIA DE FRAUDES? 55
¿CÓMO SE HAN EVIDENCIADO LOS FRAUDES? 55
CAUSAS MÁS COMUNES DEL ORIGEN DEL FRAUDE 56
ERRORES QUE PUEDEN CONDUCIR A FRAUDES 57

CAPITULO 3 - EL SISTEMA DE CONTROL INTERNO 59
¿CUÁL ES SU NECESIDAD E IMPORTANCIA? 60
¿QUIÉN ES COSO? 60
ANTECEDENTES DE LEGISLACIONES QUE EXIGEN
OBLIGACIONES DE CERTIFICACIONES DEL
SISTEMA DE CONTROL INTERNO 61
LEY SARBANES-OXLEY 62
CÓDIGO PARA PROTECCIÓN DE BUQUES E
INSTALACIONES PORTUARIAS "PBIP" 66
CONVENIO SOBRE AVIACIÓN CIVIL
INTERNACIONAL 68
LEY ORGÁNICA DE LA CONTRALORÍA GENERAL
DE LA REPÚBLICA Y DEL SISTEMA NACIONAL DE
CONTROL FISCAL EN VENEZUELA 69
LA FAMILIA COMO ÓRGANO DE CONTROL
BASE DE LA SOCIEDAD 71
CONCLUSIONES 72

CAPITULO 4
PILARES DEL SISTEMA DE CONTROL INTERNO 73
EL AMBIENTE DE CONTROL.. 74
ÉTICA 75
VALORES 76
Valores Personales 78
Valores Familiares 78
Valores Socio-Culturales 78
Valores Materiales 79
Valores espirituales... 80
Valores Morales 80
PRINCIPIOS... 80
ACTITUDES... 81
COMPETENCIAS.. 82
ESTILO GERENCIAL... 83
EL AMBIENTE DE CONTROL A
NIVEL EMPRESARIAL 90
¿CÓMO EVALUAR EL AMBIENTE DE CONTROL? 94
CUESTIONARIO PARA LA EVALUACIÓN
DEL AMBIENTE DE CONTROL: 97
LA ESTRUCTURA DE CONTROL 109
POLÍTICAS... 112
PLANES 113
ROLES... 118
NORMAS 120
PROCEDIMIENTOS... 120
¿CÓMO EVALUAR LA ESTRUCTURA
DE CONTROL?.. 121
CUESTIONARIO PARA LA EVALUACIÓN DE LA
ESTRUCTURA DE CONTROL:... 122
ACTIVIDADES DE CONTROL 131
OPORTUNIDADES DEL CONTROL 132
CONTROLES PREVENTIVOS.. 133
CONTROLES DETECTIVOS 133
CONTROLES CORRECTIVOS 133

CONTROLES DE POBLACIÓN 134
OBJETIVO DEL CONTROL DE POBLACIÓN
ELEMENTOS QUE IDENTIFICAN QUE EXISTE
UN CONTROL DE POBLACIÓN.. 135
IMPORTANCIA DEL CONTROL DE POBLACIÓN 136
ESTRUCTURA DE LAS NUMERACIONES QUE SE
ESTABLEZCAN COMO CONTROL DE POBLACIÓN..... 137
EJEMPLO PRÁCTICO.. 139
CONTROLES DE EXACTITUD 143
CONTROLES DE AUTORIZACIÓN 150
CONTROLES DE CUSTODIA 155
CASO NÚMERO 1 156
CASO NÚMERO 2 157
CASO NÚMERO 3 159
CONTROLES DE CONCILIACIÓN..................................... 161
CASO 1:
Tipo de Conciliación: Cuentas por cobrar 162
CASO 2:
Tipo de Conciliación: Cuentas en Bancos............................. 163
CASO 3:
Tipo de Conciliación: Cuentas por pagar a acreedores
y proveedores 163
CASO 4:
Tipo de Conciliación: Inventarios de Proyectos
o Mantenimientos 164
CASO 5:
Tipo de Conciliación: Vehículos, equipos y partes............... 165
CONTROLES DE PROTECCIÓN DE REGISTROS
Y EQUIPOS... 165
ELEMENTOS DE CONTROL EN AMBIENTES DE
PROCESAMIENTO ELECTRÓNICO DE DATOS 169
CASO 1 173
CASO 2 174
CASO 3 174
CASO 4 175

CASO 5	176
CASO 6	176
CASO 7	177
CASO 8	178
CASO 9	178
CONTROLES DEL COMPUTADOR	179
CONTROLES DE USUARIO	179
SISTEMAS DE INFORMACIÓN, MEDICIÓN E INFORMES	185
SISTEMAS DE INFORMACIÓN	186
MEDICIÓN	187
CASO 1	190
INDICADORES PARA EL RECURSO HUMANO	190
CASO 2	191
INDICADORES DE GESTIÓN EN PRODUCCIÓN	191
INFORMES	193
PARTE 1	194
SISTEMAS DE INFORMACIÓN	194
PARTE 2	196
MEDICIÓN	196
PARTE 3	198
INFORMES	198
EVALUACIÓN DE LOS RIESGOS	199

CAPITULO 5
EVALUACION DEL SISTEMA DE CONTROL INTERNO 203

DIAGRAMAS DE FLUJO O FLUJOGRAMAS 207
MATRICES DE RIESGOS Y CONTROLES 214
PROGRAMAS DE AUDITORÍA ASERTIVOS 218

REFERENCIAS BIBLIOGRÁFICAS 221

CURRÍCULUM VITAE DEL AUTOR DEL LIBRO 227

AGRADECIMIENTO

Mi agradecimiento a Dios por sobre todas las cosas. Muy agradecida a mi familia, amigos y a grandes compañeros de trabajo que tuve en mi vida laboral bajo relación de dependencia, a todos ellos, que de diferentes formas han aportado sus semillas en mi crecimiento personal, espiritual y profesional.

Gracias a mis padres. ¡Por Karen y David dondequiera se encuentren!

Agradecimiento a Nelson Guillermo Requena González, gran amigo y quien fuera excelente compañero de trabajo cuando laboré dentro de la industria petrolera venezolana, ha sido él, el gran colaborador para la revisión del material de este libro, por sus indiscutibles y grandes conocimientos, competencias técnicas y profesionales y largos y fructíferos años de experiencia laboral en el área de las auditorías internas y del control interno.

Gracias a Blanca Miosi, por toda su orientación y ayuda para publicar en Amazon, ¡Dios la bendiga siempre!

¡Gracias a la vida!

Mireya Guerrero Peña

PRÓLOGO

Por: Nelson Guillermo Requena González

Es un libro teórico-práctico de gran valía, verdaderamente excepcional que representa una herramienta básica de estudio y de fortalecimiento del auditor en el desarrollo de su vida profesional, que con toda seguridad le ayudará en sumo grado a mejorar su trabajo y lograr cada vez mejores resultados. En mi larga experiencia profesional, confieso que la base técnica que posee este libro, logrado magistralmente por Mireya Guerrero Peña, profesional de grandes y profundos conocimientos; y por su dedicación plena a su profesión, no lo había observado escrito en ninguna parte con el nivel de detalles que aquí ha sido desarrollado y expuesto. Es un documento valioso no solo para el auditor sino para las gerencias a todos los niveles de las empresas e instituciones que les puede mejorar profundamente sus controles internos.

Soy graduado en las carreras de Administración Comercial y Contaduría Pública, ambas en la Universidad Central de Venezuela, he acumulado un total de 45 años de experiencia profesional laboral, los 35 primeros años bajo relación de dependencia y los restantes 10 años en el libre ejercicio de la profesión. Toda mi vida de ejercicio profesional lo he desempeñado en áreas relacionadas con el control interno y las auditorías internas.

Inicié mi carrera profesional en la Administración Pública, en el máximo órgano rector de control interno del Estado Venezolano, como lo es la Contraloría General de la República de Venezuela (hoy en día forma parte del cuarto Poder Público Nacional en Venezuela), allí laboré por 13 años consecutivos en el área de Auditoría, empecé en el año 1963, en el nivel más bajo - Comisionado Auxiliar - y fui escalando a posiciones importantes de supervisión y gerencia, como lo fueron - Contralor Delegado Jefe del Departamento de Auditoria - posición que ocupé por 6 años y luego -Contralor Delegado Jefe del Sector Servicios de ese Organismo de Control – donde estuve por 5 años.

En el año 1976, ingresé a la industria petrolera venezolana en el área de Auditoría Interna, industria que recién en 1975 había sido nacionalizada por el Estado Venezolano, allí laboré hasta el año 1998, para un total de 22 años, todos en el área de control o de Auditoría Interna. Allí, en la industria petrolera venezolana ocupé importantes cargos gerenciales en empresas filiales altamente reconocidas, como lo fueron la hoy extinta filial Lagoven, S.A, donde logré el máximo nivel del área de control, como lo fue la posición de - Contralor Interno -, adicional a esa empresa laboré - igualmente ocupando posiciones gerenciales - en Bariven, S.A. - y por último en la - Contraloría Interna de Petróleos de Venezuela, S.A. - , En ese interin de los años 1963-1998 en la industria petrolera venezolana, además de haber sido responsable directo de trabajos de auditoría dentro de Venezuela, también lo hice en el exterior del país, específicamente en Estados Unidos, Inglaterra y Holanda,

En Estados Unidos en las empresas Exxon, Texas Commerce Bank, Becthel, Pipe Line Tecnology, todas ellas en Houston, Texas y Exxon en Florham Park en New Jersey; En Inglaterra en la British Petroleum y en la Haya-Holanda en Bariven Europe.

En el año 1998 salí de la industria petrolera venezolana, aprovechando el beneficio de jubilación, luego de ese año he estado laborando eventualmente en el libre ejercicio de mi profesión.

Con base en todo lo antes expuesto, sobre mi experiencia y conocimientos en mi larga carrera profesional en el área de control interno y de Auditorías Internas, es que tengo la base técnica y las credenciales para expresar lo importante y valioso que es este Libro, al que con el mayor gusto y dedicación tuve el honor de revisar.

Nelson Guillermo Requena González

INTRODUCCIÓN

En este libro comparto lo que necesita conocer, manejar y dominar en detalles quien tenga la osadía y el atrevimiento de incursionar en esa interesante y para muchos temible y enigmática profesión, como lo es la "Auditoría Interna".

Descubra en este libro, la diversidad y cantidad de niveles de detalles de conocimientos valiosos que permiten que la profesión del auditor interno dé grandes frutos y reconocimientos, aquí les demostraré que la excelencia del auditor interno no radica en ese mito que el auditor nace, porque la verdad es que para serlo, el auditor se hace!

Luego de leer este libro, los secretos mejor guardados por los más tenaces y exitosos auditores internos, quedarán al descubierto y ya podrán ser usados por todos, por los novatos en auditoría, por aquellos que a pesar de tener años navegando en ese mundo tan interesante de las auditorías internas, aún sienten que andan perdidos y temerosos.

Pero también **lo más importante, que no es solo un libro para auditores internos**, porque si usted es el accionista o dueño del negocio, o el director, gerente, supervisor a cargo de administrar un negocio, organización, institución privada o pública, hasta si es el presidente de un país sin importar su tendencia política, capitalista, socialista, comunista, etcétera, ya tenga muchos, pocos o ningún año de experiencia con su organización, este libro le da las claves para poder mitigar al máximo los riesgos de ser víctimas de fraudes por quienes dirigen, manejan o laboran en sus organizaciones y, para aquellos emprendedores prever desde el inicio la mejor dirección para el control de sus organizaciones.

Este libro les permitirá caminar con pasos seguros y estar orientado adecuadamente en qué hacer en cualquier proceso que se vaya a auditar, así como lo es una brújula para el marinero en la inmensidad del mar.

De aquí en adelante, utilizaré el término de auditor interno, como una manera general de explicar y aplicar el conocimiento al individuo o persona, no obstante a ello, no limitará este conocimiento a todos aquellos que tienen responsabilidad o necesidad del control interno.

Un aspecto bien importante para el auditor interno, como profesional de la contaduría pública, la administración comercial, la economía, la ingeniería en cualquiera de sus especialidades, arquitecto u otro tipo de profesión, el éxito de su trabajo en cualquier tipo de negocio u organización, desde los muy sencillos hasta los más complejos, es que debe tener bien claro y presente que para tener éxito en ese oficio, debe ser experto en el estudio del control interno en todas sus dimensiones y tener al menos conocimientos básicos del manejo financiero de las cuentas contables que se relacionen con lo que vaya a evaluar, además requiere conocer los aspectos claves del negocio a auditar. He dicho, "aspectos claves", con lo cual no quiero decir que tiene que ser el experto en el respectivo negocio u organización a auditar, ni estar obligado a ir sumando "n" cantidad de pre-grados, maestrías, doctorados o especializaciones en todas las profesiones.

¿Pero si no es necesario tener las experticias individuales en esas profesiones, cómo entonces puede hacer un auditor interno para conocer los aspectos claves del negocio?

Para balancear, la falta de conocimiento pleno de cada auditor interno en procesos operacionales, técnicos, financieros o de cualquier otro tipo del negocio que se quiere evaluar, requiere que al menos, aunque sea de forma temporal, incorpore dentro de su equipo de trabajo a personas con conocimientos en esas áreas que se escapan a la de su profesión, conocimiento o competencia, y aquí nos detenemos un momento, en la medida que el auditor va sumando conocimientos, en esa medida va creciendo como profesional, y llegará un momento en que llegará a conocer con cierto nivel de detalles los aspectos claves, críticos e importantes de los procesos del negocio que estará auditando, y de esa forma irá reduciendo la incorporación a su equipo de especialistas, porque ya existirá más dominio y conocimiento en esas materias especializadas.

Sin embargo, no se debe perder de vista, que existirán casos de revisiones extremadamente técnicas donde la participación de profesionales especialistas en el área a evaluar es necesaria para obtener los resultados deseados, por lo tanto tiene que buscar la forma de incorporarlos como parte de su equipo de trabajo ya sea para situaciones puntuales en la auditoría o durante todo el tiempo que dure el proceso de ejecución de la misma.

¿Por qué se necesita que dentro del equipo de trabajo de una auditoría, existan auditores con el conocimiento del negocio a auditar? porque de allí es como puede determinar con precisión la profundidad con la cual deberá llevar el análisis de los procesos que va a auditar combinados con la evaluación del sistema de control interno, es la forma como verdaderamente podrá aportar valor a la organización que se esté auditando.

Entonces, como primera conclusión tenemos que para ser un auditor interno exitoso se requiere tener un balance apropiado entre el conocimiento pleno del control interno y los aspectos claves, críticos e importantes del negocio a auditar.

Fuente de la imagen:
https://cdn.pixabay.com/photo/2018/01/05/07/16/balance-3062272__340.jpg

Las técnicas que se presentan en este libro, son aplicables sin excepción para cualquier tipo de organización y procesos, independientemente de su tamaño, sencillez o complejidad.

Cada día que pasa los auditores tienen más ventajas competitivas, todo ello, gracias al internet, que le permite tener al alcance de la mano y en fracciones de segundos, la información y el conocimiento.

Para llegar a ser un excelente auditor, primero que nada debe estar siempre preparado para tomar notas, apuntes, porque en esencia su trabajo se fundamenta en la recopilación de información. Debe estar atento a anotar cualquier palabra, frase que le suene extraña y que salga de boca de sus auditados. Cada día que pasa, la tecnología permite que las herramientas de tomar notas sean más sofisticadas y fáciles de aplicar.

Muchas veces, al inicio de las revisiones los auditores carecen del conocimiento del negocio que van a auditar, pero cuando las terminan, deben estar en la capacidad de ocupar la posición del gerente de esa área, por cuanto el deber ser, es que aprendan desde la visión del gerente, como se maneja y administra ese negocio.

El auditor interno es el individuo que con el tiempo debería llegar a tener un vasto conocimiento en detalle de muchas cosas, al que respetan cuando aparece, porque es el que llega a descubrir los errores y fraudes, y para los dueños del negocio o los responsables de los procesos, son de gran ayuda para detectar las fortalezas y oportunidades, así como las debilidades y amenazas de sus sistemas de control interno e inspirarles la confianza de que las cosas se están haciendo como deberían hacerse o las vías que se deben tomar para alcanzar esa confianza.

La imagen que da el auditor tiene sus ventajas ante terceros, mucha gente les mira y les teme, es como quien ve a cualquier policía, no importa en qué lugar, establecimiento, institución, calle, avenida se encuentre uno con un policía, siempre se tendrá la misma sensación de miedo, de temor o de respeto que nos causa esa figura, sin importar su sexo, color, nacionalidad, y sin importar en qué país uno se encuentre. Siempre la figura del policía, del militar, o de cualquier persona con un uniforme representando la figura de autoridad, siempre se le respetará, se le temerá, a veces se sentirá aberración independientemente de uno ser una persona totalmente honesta y estar ajustada completamente a la ley.

Eso mismo pasa con las funciones de auditoría interna, en la mayoría de las corporaciones, empresas, organizaciones o cualquier ente, se les teme, se les respeta, porque las decisiones que se toman producto de los resultados de sus informes, son determinantes para confiar, premiar o sancionar a internos y hasta a externos con los cuales se hayan mantenido relaciones que resultaron negativas para la organización.

Pero, ¿cuál es la similitud entre un policía y un auditor? La respuesta es sencilla, que ambos, sin importar si se acaban de iniciar en el oficio, ante terceros tienen el mismo peso, un policía o un auditor de un día, que un policía o auditor con 5, 10, 20 o más años en ese oficio. Ambos están investidos en autoridad y son respetados in so facto, con el solo hecho de representar esas figuras.

¿Pero usted se ha preguntado alguna vez, qué cosas pasan puertas adentro en una gerencia de auditoría interna cualquiera?

Allí adentro solo con el tiempo se sabe y se riega en los pasillos quien tiene o no la experticia, trayectoria y conocimiento en el oficio, a pesar que hayan algunos que se jacten de decir que están por encima de los demás, porque además de tener un pre-grado universitario, ostentan otros títulos que avalan post-grados, diplomados, maestrías o doctorados o porque hablan varios idiomas de interés para el negocio, sin embargo, aunque le cueste creerlo y que pareciera que solo pasa en las películas o en la novelas, todo lo que a continuación voy a comentar es una situación muy común y real en muchas de las organizaciones de Auditoría Interna.

Empezaré con hablarle del peor enemigo del auditor interno, pero, no es ése que se le vino de primera a su mente, se sorprenderá saber quién es.

El peor enemigo de un auditor interno, es otro auditor interno.

¿Pero por qué razón sucede éso? Respuesta: Por competencia desleal.

¿Y por qué se da esa competencia desleal? - Porque un auditor interno, aunque pase toda su vida laboral dentro de la misma empresa y en la organización de Auditoría Interna, no necesariamente significa que desarrolle un gran nivel de competencia en ese oficio, y por otro lado, solo pocos llegarán a ocupar posiciones de poder, por una sencilla razón, las cajitas de puestos de poder son pocas, y sólo se abren cuando alguien se va de ella porque ha sido promovido a una posición superior o porque sale de la organización por "x" o "y" motivos, o también porque se crean nuevas oportunidades de poder, es decir nuevas cajitas de poder dentro de la estructura organizativa, pero éso pasa muy eventualmente y puede que pasen años sin que se dé ninguno de esos movimientos, o en muchos casos, sencillamente las cajitas de poder son ocupadas por personas externas y extrañas a lo que se hace en dicha organización, por distintas razones, por ser paracaidistas o por desarrollo de carrera dentro de la corporación e incluso puede pasar que hasta desconozcan el oficio e importancia que implica la función de auditoría interna.

Esa situación es muy distinta, en el oficio de los auditores externos, ellos anualmente en su nivel son premiados y los que no, el sistema los excluye en el muy corto plazo. Entonces, todos los que están ocupando un nivel si han demostrado competencia, eficiencia y aguante, tienen la misma oportunidad de pasar al nivel siguiente y para ocupar esa nueva posición y así sucesivamente para las que le siguen, reciben al menos una vez al año cursos intensivos y de inmersión total, donde se les da la formación académica que requieren, para que sean más eficaces, eficientes y competentes en la ejecución de sus trabajos de auditor externo. En las Firmas de auditores externos, no hay egoísmos en compartir conocimiento, no solo porque es una necesidad, es porque es una obligación hacerlo, es un mandato superior, es la lucha por la subsistencia de la Firma, porque si todos son fuertes, la firma gana más. Y esa formación, tiene una sencilla razón, es el negocio de la firma.

El auditor interno, viaja por las carreteras, mientras los auditores externos viajan por las autopistas. Y Por qué? El oficio del auditor externo, requiere demostrar que se es individualmente bueno, tener el aguante no solo del estrés que provoca trabajar contra el reloj, donde el tiempo es oro y cada minuto tiene un precio, además tolerar el estrés que le infringe la supervisión que no le da tregua, que muchas veces es déspota, porque llega al punto, que le impide tener vida privada, y es porque no hay tiempo para ello, hay que cumplirle al cliente con la fecha prometida de entrega del informe.

Pero es que el auditor externo que quiera llegar a ser socio de la firma, no solo le basta ser bueno, tener aguante y entregarse casi por completo, sino que sus necesidades económicas a corto y mediano plazo no sean una prioridad o si lo son, las sacrifica! Si la persona cumple con esas características, además que encaje en algunas otras más que exigen los socios principales tal vez por capricho o demandas justificadas, pues hará carrera en una firma y llegará a ser socio dentro de ella, a menos que, el destino le haga una mala jugada. Así que la competencia dentro de una firma de auditores externos por lo general, jamás será contra otro compañero de trabajo, será siempre contra sí mismo.

Pero muchos que han estado trabajando como auditores internos se dirán – pero si en mi organización también se compite con el tiempo, tengo supervisores déspotas, y muchas veces no he tenido vida privada porque todo el tiempo me están exigiendo que entregue el informe de auditoría en una fecha determinada. Entonces ¿por qué dices que los auditores internos viajamos por las carreteras y los externos por las autopistas?

La diferencia radica en la supervisión y en la formación profesional, la línea supervisora del auditor externo es directa para guiarlo, revisarlo, orientarlo, formarlo en el campo de acción, además cuenta con programas formales de formación para ayudarlos, prepararlos con sus revisiones de auditoría y en su desarrollo de carrera. Por el contrario, el pobrecito auditor interno, en ocasiones, que son más recurrentes de lo que muchos se puedan imaginar, tiene supervisiones que lo que hacen es pedirle, demandarle, exigirle resultados pero que dentro del desarrollo de la auditoría ni lo guía, ni le orienta apropiada ni suficientemente, ni le da el apoyo técnico requerido y no por egoísmo sino por la falta de experiencia y hasta miedo de ser descubiertos de que también ellos andan perdidos, por lo tanto evaden a como dé lugar las preguntas de sus subordinados que pudiera delatarles sus faltas de conocimientos. Y por otra parte, los auditores subordinados no insisten en sus preguntas, para no pecar de ignorantes y ser castigados posteriormente en las evaluaciones de desempeño que tienen un impacto directo en sus bolsillos, es decir, en sus aumentos de sueldo, bonificaciones, etcétera.

Además de esa situación, los programas formales de formación profesional que recibe el auditor interno en su desarrollo de carrera no contemplan contenidos que le permitan mejorar sus niveles de competencia, tanto en el conocimiento del negocio como de las verdaderas herramientas que en detalle debería conocer y manejar sobre el estudio y evaluación del control interno.

El peor error de muchos auditores internos, es que por su mismo desconocimiento en el estudio del sistema de control interno y del negocio, aunado a la presión del tiempo que le dan para ejecutar su auditoría y entregar el respectivo informe, una supervisión o liderazgo débil, se mantienen repitiendo procedimientos que han estado haciendo por años o que han hecho otros auditores en esas áreas que le fueron encargadas para su revisión, sin aplicar las técnicas apropiadas para planificar sus trabajos, así que son estos tipos de auditores internos, los que se mantienen errando o caminando perdidos por los senderos de sus revisiones.

Cuando se contrata en una Gerencia de Auditoría Interna, a personas que tienen experiencia previa de uno, dos, tres o más años en auditoría externa, les cuesta mucho desenvolverse en las revisiones de auditoría interna, porque los enfoques en los cuales se basa su experiencia laboral previa, no le son suficientes para el nivel de detalle que debe tenerse en el estudio y evaluación del control interno cuando se pasa a ser auditor interno, aunque no es menos cierto, que tienen más ventajas competitivas en relación con aquellos de otras profesiones que jamás han tenido contacto con el mundo de las auditorías.

El error más común en los programas de formación de los auditores internos, es que van dirigidos exclusivamente a formación en normas, técnicas y procedimientos de auditoría, y con el enfoque de las auditorías desde el punto de vista del auditor externo, es decir, solo aspectos financieros, todo ello por una sencilla razón, porque las empresas que contratan para impartir esa formación son firmas de auditores externos, que solo pueden dar lo que mejor conocen, directrices estrictamente relacionadas con los estados financieros, que es el oficio al cual se dedican, emitir opiniones sobre los estados financieros de empresas, pero no al nivel de detalle y profundidad del negocio que requiere se realice en cualquier revisión de auditoría interna.

Y es aquí que se hace un llamado de atención a las organizaciones que tienen Departamentos de Auditoría Interna, es bien importante, que los programas de formación de sus auditores, contemplen formación en los negocios y operaciones de su organización o empresa, así como ser más exigentes con quienes ocupan posiciones de supervisión y gerencia en el área de Auditoría Interna, sobre la guía, orientación y supervisión llevada de la mano que deben dar a los auditores con niveles inferiores. Y sí en definitiva, el que haya osado incursionar como auditor interno no tenga ese apoyo, para ser exitoso en su oficio, tendrá por cuenta propia el buscar la forma de obtener ese conocimiento, porque de lo contrario estará constantemente navegando y viviendo en el mar de la incertidumbre.

En conclusión, el profesional que se atrevió a incursionar en ese mundo tan interesante, enigmático y hasta temible para muchos, como es el de las auditorías internas y desea ser respetado, auditar con pasos seguros y dejar siempre las puertas abiertas con las personas de las organizaciones que vaya a auditar sin que ello signifique que tenga que mermar la calidad y la objetividad de su trabajo ni dejar de revelar importantes desviaciones que impliquen cambios importantes o drásticos en una organización, agradecerá haberse topado en su camino con este libro, porque adonde llegue a hacer sus auditorías, va a contribuir a mejorar los procesos, a mejorar las ganancias del negocio, a evitar que se continúe perdiendo dinero, y si hubo sanciones, hasta los sancionados sabrán y admitirán que las responsabilidades son de ellos y que no hubo ningún tipo de saña en el trabajo del auditor, y lo más importante, estar tranquilo consigo mismo que hizo un trabajo profesional.

CAPITULO 1 - EL CONTROL

INTRODUCCIÓN

En el mundo de los negocios y hasta en la vida misma, independientemente de la actividad, procesos, tamaño, simplicidad o complejidad, ideología religiosa o política, sistema social, político y económico, país, continente donde se encuentre la empresa, corporación, negocio, personas, hay un elemento en común y de mucha importancia para que todos puedan lograr sus objetivos y metas, y es la palabra "control".

Por lo tanto, para lograr los objetivos y metas cualesquiera que sean las actividades que se realicen y quienes las realicen, es imprescindible tener controles.

El Control se establece más por necesidad que por capricho.

Dice un adagio, que "Sí en el mundo todos fuésemos ángeles, no harían falta los gobiernos". La razón por la cual existen los gobiernos, es porque es necesario "el control".

Es necesario que usted lea detenidamente cada uno de los siguientes párrafos, sin utilizar los métodos de lectura veloz para el contenido de este material, porque de hacerlo, sencillamente continuará toda su vida, con el dilema de que el "control" es algo muy científico, técnico y que sólo compete a quienes se dedican a su estudio y aplicación, pero que para el nivel de utilización dentro de sus actividades de su vida personal o laboral, no requiere conocerlo en detalles.

EL CONTROL

Vamos a empezar preguntándonos que entendemos como "control".

A muchos, lo primero que se les viene a la mente, es alguna definición que escuchó en un curso, en una reunión, en una conferencia, o que leyó en un libro, en un manual, etcétera.

Pero, ¿por qué la búsqueda tiene que ir tan lejos, y no relacionarla directamente con su vida cotidiana?

La respuesta es bien sencilla, la mayoría lo hace, porque piensan que esa palabra "control" no tiene nada que ver directamente con ellos.

Lo más interesante, es que muchos creen, que si esa palabra "control" tiene algo que ver con ellos, sería directa y exclusivamente con actividades laborales. Entre las respuestas más comunes han sido que tiene que ver con un sistema, una normativa, un procedimiento, métodos y que en la empresa donde labora hay por lo menos un departamento que tiene identificado dentro del nombre, la palabra "control", Ejemplo: Gerencia de Control Interno, Gerencia de Control de Pérdidas, Gerencia de Contraloría, etcétera. Entonces, se llega a la creencia que es en esos departamentos donde debe recaer toda la responsabilidad de todo lo que esté relacionado con la palabra "control".

Comúnmente, la mayoría de las respuestas obtenidas, han sido las expuestas en el párrafo anterior, y las han dado muchas personas que no pertenecen o no tienen relación directa con esas gerencias o departamentos que todo el mundo conoce como contralores o controladores, por lo tanto todo lo relacionado con "control", piensan que les es completamente ajeno a sus deberes y responsabilidades dentro de la empresa u organización a la cual pertenecen. Pero, lo más cumbre de todo, es que inclusive, hasta personas que laboran en departamentos, gerencias o áreas de control, desconocen que las actividades de "control", van más allá de las simples obligaciones que tienen dentro de esas unidades de control donde laboran. Lo que sí es bien cierto es, que todos las hemos estado aplicando a diario, empezando con la vida misma y desde el mismo momento en que empezamos a tener conciencia de las cosas y que muchas son independientes de las funciones motoras de nuestro cuerpo.

Es por eso, que dentro de cualquier proceso en donde uno se encuentre, por muy sencillo o complejo que sea, cada persona, sin excepción tenemos responsabilidades de "control", se tenga o no una relación de dependencia laboral.

Desde el punto de vista laboral, en una empresa, industria, fábrica, negocio, etcétera, independientemente del tamaño que tenga esa organización, cada uno de los individuos, decenas, cientos o miles de personas que la conforman, en un mayor o menor nivel, cada uno "per se", en ese grupo al cual pertenezca, es un elemento de "control" y por muy simple que parezca la posición que ocupe, siempre estará jugando un papel muy importante.

El "control", está inmerso dentro de todas las actividades de la vida diaria, está por todas partes y es muy necesario para alcanzar los objetivos y metas, es prácticamente como el aire, que está en todas partes aunque jamás se vea, pero que sin él, la vida en la tierra no existiría.

DEFINICIÓN DE CONTROL

Es una barrera tangible o intangible que la establecen las organizaciones, con el fin de asegurar la calidad de sus procesos, salvaguardar sus bienes, obtener información confiable y oportuna y mitigar los riesgos, que pudieran impedirle razonablemente el logro eficaz y eficiente de sus objetivos y metas.

¿POR QUÉ EL CONTROL ES UNA BARRERA?

Porque dentro de los procesos, cada determinada cantidad de eventos que se van suscitando, se da un proceso que podríamos llamarle "proceso alcabala", que es por donde obligatoriamente se cumple un proceso de revisión o validación o aprobación o autorización del(os) proceso(s) que le precede(n), para poder permitirle(s) que pase(n) al proceso siguiente.

¿POR QUÉ SE DICE QUE EL CONTROL PUEDE SER TANGIBLE O INTANGIBLE?

Tangible, porque es visible a la vista, e intangible porque no es visible a la vista, no obstante puede ser percibido o apreciado de otras formas.

Los tangibles son aquellos, que dejan trazabilidad, mediante evidencias que se pueden visualizar en elementos/registros físicos o electrónicos. Ejemplo: pueden ser marcas de revisión o iniciales o firmas de preparado o revisado o autorizados o aprobados. Lo importante que el proceso de control que se haya realizado dejó evidencia que puede ser validada de forma física o electrónica.

Los intangibles, tienen que ver con el comportamiento, nivel de competencia y conciencia de los individuos en sus roles de control. Como ejemplo, el nivel de honestidad, los principios morales y éticos, las actitudes ante el resguardo de los bienes e información que se les ha dado en custodia, el modelaje de los que tienen el rol de dirección, supervisión, el nivel de destrezas y habilidades con las cuales ejecutan los procesos, son cosas que solo se pueden percibir en las actitudes y aptitudes de los individuos, no dejan trazabilidad física como tal, pero de ser negativas, impactan de esa misma forma a la organización en el logro de sus objetivos y metas.

¿CUÁLES OBJETIVOS SE PRETENDEN ALCANZAR COLOCANDO CONTROLES?

- Asegurar la calidad de los procesos, porque para pasar al paso siguiente, debe haber completado los pasos previos y obligatorios.

- Salvaguardar los bienes.

- Obtener información confiable y oportuna.

- Mitigar (reducir, minimizar, frenar, limitar, neutralizar) la materialización de riesgos de errores y fraudes.

- Alcanzar los objetivos y metas trazados.

¿QUÉ TIENE QUE VER EL CONTROL CON RIESGOS?

Los controles se establecen para tratar de disminuir a su más mínima expresión, las probabilidades de ocurrencia de eventos no deseados y/o amenazas que de materializarse pudieran impactar negativamente los intereses particulares y/o generales de la organización y por ende impedirle el logro de sus objetivos y metas.

La probabilidad de ocurrencia de esos eventos no deseados (errores) o amenazas (fraudes), es lo que se conoce como riesgos.

En el capítulo dos de este libro, se desarrolla con mayor detalle el tema de Riesgos.

¿POR QUÉ LOS CONTROLES NO PERMITEN ELIMINAR LOS RIESGOS Y DAR SEGURIDAD ABSOLUTA?

Los controles solo pueden dar seguridad razonable y no absoluta, porque cualquier proceso, independientemente de lo simple, complejo o sofisticado tecnológicamente que sea, siempre requerirá en mayor o menor cuantía, la participación e interacción del elemento humano, lo cual trae implícito riesgos de incurrir en errores involuntarios (por descuidos, fatigas, cansancio, inexperiencia, falta de pericia, problemas de salud, problemas emocionales, etcétera) o malintencionados (fraude).

¿A QUÉ SE REFIERE CON QUE EL CONTROL SEA EFICAZ?

Que sea de calidad, es decir que sea el más apropiado, coherente y pertinente.

¿A QUÉ SE REFIERE CON QUE EL CONTROL SEA EFICIENTE?

- El control tiene que ser oportuno.
- Es decir que en caso que ocurra un evento no deseado o existan irregularidades en los procesos, se detecten de forma preventiva y permita aplicar los correctivos oportunamente.

¿QUÉ TIENE QUE VER EL CONTROL CON LOS OBJETIVOS Y METAS DE LA ORGANIZACIÓN?

Los controles se establecen con el fin de reducir la probabilidad de ocurrencia de eventos negativos o amenazas, porque si ellos llegasen a materializarse, tendrían un efecto negativo sobre los objetivos y metas, cuyo nivel de impacto, estará en línea directa con el evento que se pretende controlar.

¿QUÉ SON LOS OBJETIVOS DE UNA ORGANIZACIÓN?

Son la razón de ser del ente, del negocio, de la empresa, de la fábrica, de la industria, etcétera. Es decir, lo que se quiere alcanzar, lograr, obtener, producir, tener.

¿QUÉ SON LAS METAS DE UNA ORGANIZACIÓN?

Es el punto máximo deseado, hasta donde se quiere llegar en un período de tiempo determinado o en un momento específico del tiempo.

¿POR QUÉ PARA SELECCIONAR UN CONTROL SE INDICA QUE DEBE EXISTIR UNA ADECUADA RELACIÓN COSTO-BENEFICIO?

Porque el costo de implantar un control no debe exceder al monto de los beneficios que se esperan obtener de él.

Ejemplos:

- Adquisición de sistemas automatizados sofisticados, cuando el nivel de transacciones es muy bajo y se pueden llevar de forma manual, como por ejemplo, a través del uso de hojas de Excel.

- Preferencias entre alquilar una caja de seguridad en un Banco o comprar una caja fuerte e implantar sistemas sofisticados de seguridad para controlar e impedir acceso a documentos valiosos e importantes para la organización. Dependerá siempre del volumen de documentos, del nivel de criticidad y del valor de la información que se quiere custodiar.

- El valor de las instalaciones físicas, su contenido, cantidad de personas que laboran en él, con relación al costo de los sistemas de seguridad.

- No se justifican adquisición de pólizas a todo riesgo para vehículos asignados al personal cuando: se tiene una cantidad muy grande de ellos, el nivel de siniestros es muy bajo y existen normas internas estrictas para su uso, resguardo y conservación.

- No se justifican, equipos de seguridad industrial de alto riesgo y costosos para el 100% del personal de operaciones, cuando a pesar que el nivel de seguridad de las instalaciones es alto, el nivel de exposición a los riesgos de alto impacto es para un personal muy reducido.

- Publicación de normas de comportamiento ético y moral dentro de las instalaciones, si la organización la conforman un número muy reducido de personas, bastaría informarlo al contratar al personal y hacer refrescamiento en reuniones de comunicación en casos de incumplimiento, o hacer llamados de atención puntual.

¿DE DÓNDE NACE EL CONTROL INTERNO?

El "control", dependiendo del grado de imposición o subordinación que se tenga con o de él, podrá ser control interno o control externo.

Cuando es emanado internamente, se le conoce como control interno. Cuando es una imposición externa, se le conoce como "control externo".

En los siguientes resúmenes, mostraremos unos ejemplos sencillos que nos permitirán comprender fácilmente cuando estamos en presencia de un control interno o de un control externo:

A NIVEL DE UN PAÍS:

El control interno:

- Establece su signo monetario.
- Tiene sus Puertos Marítimos.
- Tiene sus Aeronaves y también Aeropuertos.
- Es soberano y establece sus propias leyes.

El control externo:

- A nivel mundial el valor de la moneda se establece de acuerdo a los parámetros de la economía del país y el nivel de reservas internacionales.

- Cada país para relaciones comerciales con otros países debe acogerse a Tratados y Convenios Internacionales que regulan el comercio marítimo internacional.

- Cada país, para tener relaciones comerciales con otros países debe acogerse a Tratados y Convenios Internacionales que regulan el tráfico aéreo internacional.

- Para su interacción con otros gobiernos, debe pertenecer a organismos internacionales que unan a esos gobiernos en intereses particulares.

A NIVEL DE FAMILIA

El control interno:

- Tipo de Educación para los hijos
- El horario para esparcimiento
- El horario para llegada de los hijos al hogar.
- El tipo de alimentación a suministrar a la familia.
- El trato dentro de los diversos miembros de la familia.
- El núcleo familiar debate las normativas para realizar fiestas y el nivel del volumen de los equipos de sonido.
- Un Padre establece:
  - La Vestimenta que deben usar las hijas.
  - La vestimenta que acepta para su esposa.
  - La vestimenta para sí mismo.

- Los Padres acuerdan normas de conducta para sus hijos.

- Se establecen medidas de protección para la familia, la propiedad y los bienes.

- Dentro de una familia se tienen vehículos y dentro de sus miembros se establecen las reglas de juego para su uso.

El control externo:

- El gobierno establece derechos para los menores de edad y deberes y obligaciones para los padres, así como derechos para la mujer en su relación de pareja.

- Las normas de convivencia en comunidad establecen deberes, derechos y obligaciones de sus ciudadanos.

- La sociedad establece normas morales de conducta de sus ciudadanos.

- El Estado norma la utilización de armas de fuego.

- El Estado dicta leyes para el derecho de la mujer y los niños y adolescentes.

- El Estado establece leyes que regulan todo lo relacionado con la posesión de bienes, permisos de conducir y normas a cumplir en el uso de los mismos, entre otros.

A NIVEL DE EMPRESA

El control interno:

- Se establecen los horarios de trabajo.

- Se establecen los salarios a pagar a los trabajadores.

- Se establece la vestimenta que deben utilizar los trabajadores.

- La empresa establece políticas de remuneración a los trabajadores, así como las sanciones ante incumplimientos.

- La empresa establece los precios para sus productos.

- El empresario establece las distintas actividades que dentro de la empresa deben realizarse como parte de los objetivos del negocio.

- La empresa establece los tipos de insumos que requiere para su producción.

El control externo:

- El Estado establece leyes que regulan la duración de la jornada laboral.

- El Estado establece leyes que regulan el salario mínimo.

- La sociedad establece normas morales de conducta de sus conciudadanos.

- El Estado establece las condiciones mínimas de seguridad, higiene y ambiente ocupacional para sus trabajadores.

- El Estado establece leyes para proteger la dignidad de sus conciudadanos.

- El Estado establece leyes para dar un trato digno a los trabajadores, así como las causas por las cuales pueden ser sancionados y despedidos.

- El Estado establece leyes para evitar la usura.

- El Estado legisla todas las actividades que se realicen.

Ejemplos:

- Establece leyes para la protección de la vida, la comunidad donde se desenvuelve y el medio ambiente.

- Exige que las actividades que se realicen deben ser lícitas.

- Establece las condiciones mínimas de seguridad, higiene y ambiente ocupacional en el cual deben laborar los trabajadores

Como pudimos ver de los casos expuestos anteriormente, el "control" será interno o externo, en línea directa con el grado de injerencia y poder que se tenga sobre aquel que se pretende regular o controlar.

Una vez comprendida la diferencia entre control interno y control externo, de ahora en adelante el tema que estaremos desarrollando, será exclusivamente sobre el "Control Interno", porque solo podemos controlar, regular, normar, aquello sobre lo cual tenemos injerencia y poder, sobre lo demás, estamos sujetos a ellos.

Antes de profundizar en el tema de control, procederemos en el siguiente capítulo a hacer un análisis de los riesgos, ya que es a causa de su existencia, la necesidad imperiosa de establecer los controles internos.

CAPITULO **2** - RIESGOS

NECESIDAD DE SU ESTUDIO

La causa raíz que origina la necesidad de establecer controles, es motivado a la existencia de los riesgos, refresquemos, el adagio que mencionamos al inicio del capítulo 1, en cuanto a que "si en el mundo todos fuésemos ángeles, no harían falta los gobiernos".

Lo expresado en el párrafo anterior quiere decir, que la historia desde la misma era prehistórica, nos ha demostrado que el hombre en su evolución, siempre ha convivido con riesgos y ha establecido controles para mitigarlos.

El hombre desde sus más primitivos conocimientos ha establecido controles para proteger su vida, la de su grupo familiar, los medios para su subsistencia, su territorio y para garantizar la preservación de su propia especie, entre otros.

El estudio que presentaremos en este capítulo, sobre los riesgos, nos permitirá visualizar y comprender a grosso modo que es a causa de ellos, la necesidad de establecer y mantener controles, y mucho más aún, que formen parte fundamental en el estudio de cualquier sistema de control interno que se establezca.

DEFINICIÓN DE RIESGO

Los riesgos son probabilidades de ocurrencia de eventos no deseados y/o de amenazas (errores o fraudes), que de materializarse pudieran impactar negativamente los intereses particulares y/o generales de una organización y por ende impedirle el logro de sus objetivos y metas.

Los riesgos dentro de los procesos administrativos, financieros y operacionales, los podemos encontrar desde varios puntos de vista:

- Riesgos Inherentes
- Riesgos de Control
- Riesgos de Detección
- Riesgos de Auditoría

RIESGOS INHERENTES

El riesgo inherente, es el que está asociado de forma directa o indirecta con la actividad, trabajo o proceso en sí mismo.

Como ejemplo podemos citar algunos casos a muy grosso modo:

- Vivir, representa riesgos de enfermarse, quedar lisiado, morir, etcétera.
- Transporte, representa riesgos de choques, colisiones, volcamiento, atropellamientos, robo de unidades, etcétera.

- Metalmecánica representa riesgos de quemaduras, golpes, etcétera

- Minería representa riesgos de derrumbes, explosiones, caídas, asfixia, robos, sordera, ceguera, muertes, etcétera.

- Refinación representa riesgos de contaminación, explosión, enfermedades, derrames, productos de baja calidad, etcétera

- Construcción representa riesgos de derrumbes, personas muertas, contaminación, robos, etcétera.

- Explotación de Petróleo representa riesgos de derrames, derrumbes de estructuras, muertes, etcétera.

- Procesos financieros, administrativos, representa riesgos de:

  - Errores en el registro de las transacciones

  - Insuficiencias de las reservas por obsolescencias y reservas por incobrabilidad, entre otras, descapitalización de la empresa por reparto inapropiado de dividendos a accionistas.

  - Costos de mantenimientos excesivamente altos, por solo realizar mantenimientos correctivos en lugar de planes de mantenimiento preventivo.

  - Perdidas en ventas, por no contemplar dentro de las estructuras de costos de producción todos los elementos que se requieren para la determinación de: tarifas, precios de ventas.

- Multas por contrataciones de obras y servicios sin cumplir ninguna ley.
- Pérdidas de inventarios de materiales y equipos
- Flujo de caja insuficiente por despachos sin facturarse.
- Facturas sin cobrarse.
- Fraude.
- Robos.

RIESGOS DE CONTROL

Los riesgos de control están relacionados directamente con las fallas propiamente dichas de los controles que se implanten, en cuanto a que no sean los más adecuados, o sean insuficientes e impidan la detección y corrección oportuna de los errores y/o fraudes.

Ejemplos:

- Colocar numeraciones a formatos de despacho, ventas, inventarios, compras sin embargo no se le hace ningún tipo de informe ni seguimiento sobre su secuencia.

- La asignación de la numeración que se le coloca a los formatos de despacho, ventas, inventarios, compras, etcétera, se haga de forma manual.

- Establecer controles automatizados en los procesos sin embargo los custodios de los registros maestros son los mismos ejecutores de los procesos.

RIESGOS DE DETECCIÓN

Los riesgos de detección están relacionados, con los controles a posteriori, es decir, aquellos procesos de validación o verificación, que se establecen algún tiempo después de obtenido el producto final de un proceso en particular.

El riesgo en este caso, es que también esos controles no sean los más adecuados o sean insuficientes y fallen, dando lugar al error o fraude y no ser detectados oportunamente.

Estos controles de detección están relacionados con procesos que deben ser realizados por personas que no estén involucradas directamente con el proceso que conllevó a la obtención del producto final.

Muchos de esos procesos de validación, se realizan comparando el producto final del proceso a validar, con información que se generó en otro flujo de información que es independiente el uno del otro.

Es decir, dentro de los procesos financieros, administrativos, operacionales, hay conciliaciones, donde se toma la información que está en poder de un tercero y se valida con la que se produjo internamente. También dependiendo del tamaño de la organización, conciliaciones entre información generada internamente por flujos de procesos bajo niveles de subordinación distintas.

La efectividad de esos controles radica en la oportunidad y frecuencia con la que se realizan las conciliaciones y lo que es más importante, el análisis, investigación, seguimiento, monitoreo de las partidas que no coincidieron, hasta que la información de los registros que se concilian sean iguales.

Ejemplos:

- **Conciliaciones bancarias**, donde se compara la información en los registros contables, con la data de los estados de cuenta que emite el respectivo banco comercial. Los errores que pueden no detectarse utilizando este procedimiento es cuando no se hace ningún seguimiento y monitoreo oportuno a las partidas en conciliación correspondientes a débitos y créditos realizados por el banco y no por la empresa, así como depósitos en tránsito no registrados por el banco o cheques emitidos por la empresa que jamás fueron presentados al cobro.

- **Conciliaciones de Proveedores**, se solicita a los proveedores estados de cuenta de la organización y se comparan con los datos existentes en los registros contables internos. La tendencia para detectar discrepancias con este procedimiento, es cuando la empresa ha realizado un pago y el proveedor no lo ha rebajado, o facturas por despachos facturados por el proveedor que la empresa no ha ordenado ni recibido.

- **Conciliaciones de cuentas por cobrar**, mensualmente se emiten estados de cuentas de los clientes, se les envía para que validen si es correcta o no la información que existe dentro de la organización. La tendencia en este caso, es recibir reclamos cuando el cliente presenta facturas que ha pagado y aún presenta la deuda pendiente, en caso de cobros dobles registrados por la empresa o despachos no facturados, la tendencia es a no recibir reclamos por parte de los clientes.

• **Tomas físicas de inventarios** (activos fijos, materiales y equipos, mercancías) y se comparan con los existentes en los registros de la empresa. La tendencia a no tener discrepancias o inventarios faltantes, es cuando el mismo personal que tiene la responsabilidad por su custodia física es quien realiza los inventarios físicos.

• **Conciliaciones de volúmenes despachados a clientes** registrados en el sistema auxiliar de despachos por almacenes, depósitos o puertos de embarque, versus los despachos registrados en el sistema auxiliar de ventas y versus lo existente en el mayor general. En este caso es conciliación entre tres registros internos.

RIESGOS DE AUDITORÍA

Es la probabilidad de que se materialice el error o fraude, que no sean detectados ni por los mecanismos de control interno, ni por los procedimientos de auditoría aplicados por los entes de control internos o externos de la organización.

¿Cuáles serían las causas más comunes para que los procedimientos de auditoría pudieran fallar?

• Las pruebas de auditoría fueron insuficientes o no fueron las más apropiadas.

• Las técnicas de muestreo de auditoría seleccionadas no fueron las más asertivas.

• Las técnicas de muestreo de auditoría seleccionadas fueron las más adecuadas, pero las partidas con errores o donde ocurrió el fraude, no formaron parte de la selección de la muestra.

- Las técnicas de supervisión de auditoría no fueron las más adecuadas o fueron insuficientes.

- Personal de auditoría con poca o ninguna experiencia y con supervisores de auditoría con poca o ninguna experiencia o sin realizar su trabajo de supervisión.

- Doble contabilidad sin el conocimiento de los auditores.

- Colusión entre los auditados y los auditores para ocultar información fraudulenta de la empresa.

EL FRAUDE FINANCIERO, OPERACIONAL Y/O ADMINISTRATIVO

"El fraude es la acción que resulta contraria a la verdad y a la rectitud. Se comete en perjuicio contra otra persona o contra una organización (como el Estado o una empresa)".[1]

"El acto conocido como fraude es aquel en el cual una persona, una institución o una entidad proceden de manera ilegal o incorrecta según los parámetros establecidos con el objetivo de obtener algún beneficio económico o político.

Hay distintos tipos de fraude que son clasificados de acuerdo al ámbito o al procedimiento que toman, pero en general todos los fraudes se caracterizan por incurrir en mentiras, uso inapropiado de fondos, alteración de datos, traición, corrupción, etc.

Los fraudes pueden ser llevados a cabo por individuos como también por grupos o entidades."[2]

---

[1] Fuente: http://definicion.de/fraude/#ixzz4AO4Zv5Mx
[2] Fuente: http://www.definicionabc.com/general/fraude.php

¿DE QUÉ FORMA SE DA EL FRAUDE?

- Colusión
- Soborno
- Malversación
- Extorsión
- Conspiración
- Errores intencionales o no
- Robo

¿CÓMO SE FACILITA LA PROBABILIDAD DE OCURRENCIA DE FRAUDES?

- Ausencia de controles eficaces y eficientes.

- Familiaridad de los empleados con los proveedores, contratistas o clientes que manejan.

- Reuniones sociales frecuentes o nexos familiares o de amistad manifiesta entre empleados que desempeñan funciones incompatibles (vendedores, almacenistas, compradores, despachadores, contadores, cobradores, cajeros).

- Falta de supervisión.

- Conflictos de intereses.

- Ausencia de Rotación de Personal.

- Personal que jamás toma vacaciones o cuando las toma nadie cubre las ausencias temporales.

- Inadecuadas políticas de reconocimiento de méritos al personal.

- Ausencia de segregación de funciones.
- Ausencia de Auditorías.
- Etcétera.

¿CÓMO SE REDUCE LA PROBABILIDAD DE OCURRENCIA DE FRAUDES?

- Adecuados Sistemas de Control Interno
- Auditorías frecuentes y objetivas.

¿CÓMO SE HAN EVIDENCIADO LOS FRAUDES?

- Alteración de registros para mostrar situación financiera a conveniencia.
- Violación de obligaciones contractuales.
- Falsas declaraciones y reclamos.
- Remuneraciones ilegales.
- Registros sin documentación de respaldo en original.
- Facturas impresas en papel en blanco, no en facturas parcialmente pre-impresas con numeración controlada.
- Pagos realizados en lugares inusuales.
- Estilos de vida de empleados inconsistentes con sus estatus sociales y económicos.

- Proveedores con nombres y/o direcciones comunes.

- Conciliaciones con partidas pendientes a las cuales no se les hace seguimiento y se acumulan en el tiempo, es decir que presentan antigüedad significativa.

- Etcétera.

CAUSAS MÁS COMUNES DEL ORIGEN DEL FRAUDE

- Bonificaciones de personal atadas a rendimientos de la organización.

- Problemas financieros personales (deudas, pérdidas).

- Expectativas financieras personales insatisfechas.

- Vicios (apuestas, drogas, etcétera).

- Presiones sociales de grupo.

- Control gerencial inadecuado o mínimo.

- Odio, resentimientos, deseos de venganza contra alguien de la organización.

- Avaricia.

- Envidia.

- Deseos de lograr reconocimientos.

- Impunidad.

- Miedo a denunciar.

- Miedo al castigo.

ERRORES QUE PUEDEN CONDUCIR A FRAUDES

Tanto los errores intencionales como involuntarios pueden también desembocar en fraudes.

El error intencional es aquel plan deliberado de una o más personas ímprobas para cometer un acto que de hecho perjudique a la organización o empresa, ya sea para beneficio propio o no, sin embargo el error involuntario que también es insumo directo para la materialización de un fraude potencial, es aquel en el que incurre el o los individuos por ignorancia, descuido, falta de competencias y conocimientos en la materia para la cual ocupa(n) la(s) posición(es) que desempeña(n).

La falta de competencias y conocimientos en la materia sobre la cual se ha asumido una responsabilidad, es una forma de engaño, de fraude que puede conllevar a consecuencias muy graves y de dimensiones incalculables para la organización o empresa. Producto de la ignorancia se pueden tomar decisiones equivocadas, así como la mala aplicación de un procedimiento ya sea técnico, operacional, financiero o administrativo puede representar además de grandes pérdidas que muchas veces no son solo materiales, sino que representan pérdidas importantes de vidas y daños incalculables y hasta irreparables al ambiente.

CAPITULO 3 - EL SISTEMA DE CONTROL INTERNO

¿CUÁL ES SU NECESIDAD E IMPORTANCIA?

Para que los controles que se establezcan puedan funcionar como se desean, deben obligatoriamente **formar parte** de un conjunto de elementos de control y pasar **a formar un todo**, es a lo que se conoce como sistema de control interno.

Es decir, debe existir una diversidad de elementos de control, depender unos de otros y estar interrelacionados entre sí, de tal forma que puedan incidir directamente en mitigar los riesgos, evidenciar la transparencia de los procesos, salvaguardar los bienes y dar una seguridad razonable que se lograrán de manera eficaz y eficiente los objetivos y metas de la organización.

¿QUIÉN ES COSO?

En Estados Unidos, cinco importantes organizaciones del sector privado, tomaron la iniciativa de unirse para desarrollar marcos y guías de las mejores prácticas profesionales sobre los Sistemas de Control Interno, con el fin de fomentar y orientar a las direcciones ejecutivas y entidades de gobernación en el establecimiento de medidas de control, que les ayuden a tener operaciones más eficaces, eficientes y éticas de sus negocios. Esas prácticas profesionales las han patrocinado y divulgado a nivel mundial, logrando en consecuencia, que muchas empresas, organizaciones y hasta gobiernos de distintos países del mundo, las hayan adoptado como parte esencial en sus sistemas de control interno.

La unión de esas cinco organizaciones, es lo que se conoce como C.O.S.O., ese nombre son las siglas en inglés de: "Committee of Sponsoring Organizations of the Treadway Commission" (www.coso.org).

Esas cinco organizaciones son:

- La Asociación Americana de Contadores (American Accounting Association).
- El Instituto Americano de Contadores Públicos Certificados (American Institute of CPA's).
- La Asociación Internacional de Ejecutivos Financieros (Financial Executives International).
- El Instituto de Contadores y Profesionales Financieros en Negocios (The Association of Accountants and Financial Professionals in Business).
- El Instituto de Auditores Internos (The Institute of Internal Auditors).

El esquema del Sistema de Control Interno, recomendadas por COSO como las mejores prácticas profesionales, cada organización que lo adopta lo presenta y divulga de manera particular, sin embargo es importante resaltar, que aunque difieran en la forma de su presentación, todas apuntan hacia un mismo objetivo y mantienen en el fondo los elementos esenciales.

Muestras de ellas las podemos ver en internet con tan solo colocar en el buscador las palabras sistemas de control interno – Coso.

ANTECEDENTES DE LEGISLACIONES QUE EXIGEN OBLIGACIONES DE CERTIFICACIONES DEL SISTEMA DE CONTROL INTERNO

La necesidad de tener eficaces y eficientes Sistemas de Control Interno, ha sido considerada tan importante en el mundo de los negocios, que hasta algunos países lo han incorporado dentro de sus legislaciones como un requisito obligatorio a cumplir.

LEY SARBANES-OXLEY

En EEUU el 30 de julio de 2002, se promulgó una ley que exige como obligatorio la certificación del "Control Interno" para todas aquellas empresas que deseen cotizar títulos o valores en sus mercados bursátiles, todo ello, con el fin de proteger a los inversionistas del riesgo de engaño por parte de personas inescrupulosas que busquen burlar a través de sus estados financieros la confianza de sus inversionistas y convertirlos en presas fáciles de actividades fraudulentas.

Esa ley se llama Ley Sarbanes-Oxley.

La ley Sarbanes-Oxley, nació como una respuesta del Congreso de los Estados Unidos, ante la necesidad de rescatar la confianza de aquellos que en un momento determinado fueron víctimas o testigos de grandes, famosas y escandalosas estafas por títulos o valores cotizados en bolsas bursátiles de ese país, dentro de las cuales se cuentan los casos Enron, Tyco International, WorldCom y Peregrine Systems, entre otros.

Como ejemplo, haremos un recuento del modus operandi en el Caso Enron:

Enron Creditors Recovery Corporation, era una compañía energética estadounidense con base en Houston, Texas, para el año 2001 además de tener empleada a 21.000 personas, era una de las compañías eléctricas, de gas natural, papelería, y de comunicaciones más importantes del mundo.

Sus ingresos de 111.000 millones de dólares para el año 2000, le permitieron posicionarse como la séptima empresa de Estados Unidos. Y durante los años 1996 hasta 2001, de forma consecutiva, fue nombrada por la famosa revista Fortune, como la compañía del año más innovadora de América.

A finales del año 2001, se hizo público el caso fraudulento de Enron, al revelarse en los medios de comunicación de los noticieros del mundo, que la excelente condición financiera que ostentaba, estaba sustentada por una contabilidad creativa, fraudulenta, sistemática e institucionalizada desde hacía varios años, mediante la utilización de avanzadas técnicas de ingeniería financiera y del uso de transacciones financieras, complejas y sofisticadas que le permitieron registrar datos ficticios y ocultar déficits financieros.

El escándalo arrastró consigo a sus Auditores y Consultores Externos "Arthur Anderson", quienes gozaban de muy buena reputación y prestigio internacional, para ese entonces ostentaba la 5ta posición a nivel mundial en su estilo, pero que irresponsablemente avalaron la fraudulenta situación financiera de Enron y presuntamente les ayudaron a destruir todos los archivos de documentación que les comprometiera.

El fraude permitió que parecieran más atractivas las inversiones en las acciones de Enron. Cada departamento de Enron, tenía que ocultar sus pérdidas y mejorar cada vez más sus resultados financieros positivos, de manera que se creara un beneficio ilusorio global de millones de dólares.

En agosto de 2000 el precio de cada acción de Enron, era de 90 dólares (el valor más alto que llegó alcanzar). Los ejecutivos de Enron que poseían acceso al fraude realizado dentro de esa empresa, empezaron a vender sus acciones, estimularon a la opinión pública a comprarlas, bajo el engaño que el valor iba a continuar subiendo hasta 130 o 140 dólares, además de ser una empresa reconocida públicamente como rentable, fiable y de resguardo para los inversores.

Cuando el escándalo fue revelado en 2001, las acciones de Enron cayeron hasta 30 centavos de dólar, considerándose para ese entonces, como un desastre sin precedentes en el mundo financiero; en noviembre de 2001, Enron se declaró en bancarrota, dejando con enormes pérdidas a sus acreedores y otras empresas comerciales vinculadas, además de ello dejó a 21.000 trabajadores sin empleo y con pérdidas de más de 2.000 millones de dólares en fondos de ahorros, pensiones y jubilaciones de sus trabajadores, que con mala fe los ejecutivos de Enron utilizaron en la compra de sus acciones fraudulentas.

Ésa ha sido considera la mayor bancarrota empresarial en los Estados Unidos de América.

De seguida a la declaración de bancarrota de Enron en EEUU, sus operadores en Europa, también se declararon en bancarrota.

Es así como poco tiempo después, el 30 de julio de 2002, nace en EEUU la ley Sarbanes-Oxley, con el objetivo de realzar la responsabilidad corporativa, mejorar la manera en que la información financiera es distribuida, combatir el fraude corporativo y contable de sobrevalorización de acciones y riesgos de bancarrota.

Esa Ley Sarbanes Oxley, su título oficial en inglés es Sarbanes-Oxley Act of 2002, es también conocida como el Acta de Reforma de la Contabilidad Pública de Empresas y de Protección al Inversionista, y adicionalmente se le llama como SOX, SARBOX o SOA.

La Ley toma su nombre del apellido del senador del partido demócrata Paul Sarbanes y del apellido del congresista del partido republicano Michael G. Oxley, quienes llevaron esa ley para su aprobación tanto a la Cámara de Representantes como a la del Senado de los Estados Unidos de América (EEUU), logrando que fuera aprobada por amplia mayoría en ambas Cámaras.

Volviendo al ejemplo del fraude "Caso Enron", en esa empresa no existía control interno declarado, ni de los movimientos de ingeniería financiera entre filiales ubicadas en paraísos fiscales, por lo tanto, a nivel de su empresa matriz en EEUU, se escapaban de ser vigilados y controlados.

La Ley Sarbanes-Oxley, abarca y establece nuevos estándares de actuación para los consejos de administración y dirección de las sociedades, así como los mecanismos contables de todas las empresas que cotizan en bolsas de valores en EEUU. Introduce también responsabilidades penales para los consejos de administración y unos requerimientos por parte de la SEC (Securities and Exchanges Commission), organismo encargado de regulación del mercado de valores de EEUU.

La primera y más importante parte de esa Ley establece una nueva agencia privada sin ánimo de lucro, "The Public Company Accounting Oversight Board", es decir, una compañía reguladora encargada de revisar, regular, inspeccionar y sancionar a las empresas de auditoría.

La Ley también se refiere a la independencia de las empresas auditoras, el gobierno corporativo y la transparencia financiera.

La Ley Sarbanes-Oxley, se considera como uno de los cambios más significativos en la legislación empresarial de los EEUU, desde el New Deal de 1930. El New Deal de 1930, fue el nombre dado por el presidente estadounidense Franklin D. Roosevelt a su política intervencionista puesta en marcha para luchar contra los efectos de la Gran Depresión en Estados Unidos. Ese programa se desarrolló entre los años 1933 y 1938 con el objetivo de sostener a los sectores más pobres de la población, reformar los mercados financieros y redinamizar una economía estadounidense herida desde la debacle financiera de 1929, el desempleo y las quiebras en cadena.

Los artículos referentes a controles internos, son quizás los más importantes de la Ley Sarbanes Oxley, entre ellos el 302 y el 404.

En su artículo 302 se establecen los procedimientos internos con el fin de asegurar la transparencia financiera y el artículo 404 exige la redacción de un informe de control interno al final de cada ejercicio fiscal. Dentro de ese informe de control interno se establece la responsabilidad del equipo directivo de tener una estructura de control interno adecuada, exigencia que anteriormente no existía, además que ahora el equipo directivo es responsable ante posibles fraudes.

Ese informe de Control Interno, debe ser emanado internamente por cada empresa y es responsabilidad de la comisión de sus directivos, que para su validez, debe ser revisado, evaluado y certificado por una empresa auditora debidamente autorizada y certificada para ello por "The Public Company Accounting Oversight Board".

CÓDIGO PARA PROTECCIÓN DE BUQUES E INSTALACIONES PORTUARIAS "PBIP"

También tenemos otro tipo de obligaciones a nivel mundial de tener certificaciones de Control Interno, ante los riesgos de amenazas que atenten contra la vida, la seguridad e intereses de un país, en todo lo concerniente a actividades y relaciones internacionales que requieran el tránsito de sus embarcaciones por aguas internacionales y uso de puertos de embarque de otros países y viceversa.

En ese sentido, existe el Código PBIP, "Código para Protección de Buques e Instalaciones Portuarias" (en Inglés "ISPS Code", que significa "International Ship and Port Facility Security Code").

Este código PBIP o ISPS, es un anexo al Convenio Internacional de Seguridad de la Vida en el Mar, Convenio "SOLAS" (Safety of Life at Sea), establecido por la Organización Marítima Internacional "OMI", para regular todo lo concerniente al comercio marítimo internacional.

El mencionado Código PBIP o ISPS, nació como consecuencia de los ataques terroristas del 11 de Septiembre de 2001 en las ciudades de New York y Washington de los Estados Unidos de América, lo que obligó a la Organización Marítima Internacional, en noviembre de ese mismo año, es decir 2001, a mirar el tema de la seguridad marítima desde un nuevo ángulo, desde el riesgo del terrorismo, siendo ése, el riesgo mayor que superaba los considerados tradicionalmente, como lo eran los riesgos naturales implícitos en la aventura marítima o en el error humano de la gente de mar.

Es así como en noviembre de 2002, en Asamblea de la OMI, cuando los países suscritos a la misma, acordaron por unanimidad elaborar nuevas medidas legislativas relativas a la protección de los buques e instalaciones portuarias. Medidas que fueron adoptadas en diciembre de 2002 en la Conferencia de los Gobiernos Contratantes (GGCC) del Convenio SOLAS , y que lleva por nombre: "Código Internacional para la Protección de los Buques y de las Instalaciones Portuarias", donde la obligación de entrada en vigencia, por cada gobierno contratante, fue como máximo el mes de julio de 2004.

Fue la primera vez que la OMI elaboró normativa que afectó a instalaciones portuarias y a los Buques que navegan en aguas internacionales, en lo que respecta a la interfaz buque-puerto. Representó una considerable carga para algunos gobiernos, en la medida que fue un cambio en el enfoque de la seguridad del sector marítimo internacional.

Dicho Código establece un marco de cooperación internacional para detectar amenazas contra la seguridad y adoptar medidas preventivas. También define funciones y responsabilidades a nivel nacional e internacional, garantiza la recopilación e intercambio de información, ofrece una metodología para efectuar evaluaciones de la protección y garantiza la confianza de que se cuenta con las medidas de protección adecuadas.

Es así como vemos también, exigencias para buques y puertos que estén relacionados con el comercio marítimo internacional, que implican controles internos que deben estar certificados por organismos internacionales o entes certificados en quienes ellos deleguen esa responsabilidad.

CONVENIO SOBRE AVIACIÓN CIVIL INTERNACIONAL

El Convenio sobre Aviación Civil Internacional (1944), también conocido como el Convenio de Chicago, es un Convenio Internacional que regula el tráfico aéreo y contiene las normas sobre aviación.

Es el tratado normativo más importante en relación al Derecho Público Internacional Aeronáutico.

Aparte de dicho Convenio Internacional, cada país establece sus propias exigencias internas al respecto, y todos aquellos países que requieran que las aeronaves que incursionen de una u otra forma en su espacio aéreo y territorio en general, deberán tener certificaciones de sus aeropuertos, aeronaves y de ciertos niveles de personal (pilotos, mecánicos, entre otros).

En ese sentido, tenemos que en EEUU, existe la FAA "FEDERAL AVIATION ADMINISTRATION", es decir, la Administración Federal de Aviación, que es la entidad gubernamental responsable de la regulación de todos los aspectos de la aviación civil en los Estados Unidos.

A pesar, que la FAA, contiene exigencias internas para intereses particulares de EEUU, son extensivas a ser cumplidas por todos aquellos países que tengan aeropuertos y aviones que requieran tener cualquier tipo de relación de tráfico aéreo en territorio de los EEUU, u otros territorios gobernados bajo su legislación y viceversa.

Es así como se demandan para esos países, y en este caso Venezuela, tener certificaciones para los aeropuertos (instalaciones y personal), aeronaves, pilotos, mecánicos, etcétera.

Como parte importante de las exigencias para obtener esas certificaciones, incluyen que el sistema de control interno sea apropiado.

LEY ORGÁNICA DE LA CONTRALORÍA GENERAL DE LA REPÚBLICA Y DEL SISTEMA NACIONAL DE CONTROL FISCAL EN VENEZUELA

En las cartas magnas de todas las sociedades que se han constituido como naciones en el mundo, se establecen mandatos que exigen que quienes administren la cosa pública lo hagan con probidad y transparencia, por lo que han emanado leyes exclusivamente relacionadas con el "Control Interno".

A nivel de Venezuela, como parte de las reformas a la Constitución Nacional del año 1999, se incorporaron dos Poderes Públicos Adicionales (Poder Ciudadano y Poder Electoral) a los 3 comúnmente conocidos para ese entonces (Poder Ejecutivo, Poder Legislativo y Poder Judicial), para pasar a conformarse 5 Poderes Públicos a nivel de Estado.

El mencionado, Poder Ciudadano, está conformado por el Defensor del Pueblo, El Fiscal General y el Contralor General.

Siendo el Contralor General, el máximo representante encargado de velar por el cumplimiento de las funciones de control interno de los organismos del Estado Venezolano.

Para el ejercicio de las funciones de control, del Contralor General de la República, se promulgó a nivel orgánico en la legislación venezolana, la Ley Orgánica de la Contraloría General de la República y del Sistema Nacional de Control Fiscal, con el objeto de regular las funciones de la Contraloría General de la República, el Sistema Nacional de Control Fiscal y la participación de los ciudadanos y ciudadanas en el ejercicio de la función contralora. Y como organismo ejecutor, cuenta con la Contraloría General de la República.

Es decir, que a nivel legal dentro de Venezuela, se contempla como una obligación la conformación y evaluación de sistemas de control interno para los organismos del Estado.

La referida ley, establece, que la Contraloría General de la República, es el órgano público, al que le corresponde el control, la vigilancia y la fiscalización de los ingresos, gastos y bienes públicos, así como de las operaciones relativas a los mismos, cuyas actuaciones se orientarán a la realización de auditorías, inspecciones y cualquier tipo de revisiones fiscales en los organismos y entidades sujetos a su control.

La Contraloría General de la República, en el ejercicio de sus funciones, verificará la legalidad, exactitud y sinceridad, así como la eficacia, economía, eficiencia, calidad e impacto de las operaciones y de los resultados de la gestión de los organismos y entidades sujetos a su control.

Corresponde a la Contraloría General de la República ejercer sobre los contribuyentes y responsables, previstos en el Código Orgánico Tributario, así como sobre los demás particulares, las potestades que específicamente le atribuye esta Ley.

Si analizáramos en detalle esa Ley Orgánica de la Contraloría General de la República y del Sistema Nacional de Control Fiscal, veríamos que la misma se ha fundamentado en las mejores prácticas a nivel mundial para el estudio del Sistema de Control Interno de los entes sujetos a ella.

Con base en todo lo antes expuesto, se puede observar que en el mundo, existe una variada gama de exigencias y certificaciones legales relacionadas con el control interno que se requieren para poder obtener/otorgar licencias, permisos, etcétera.

LA FAMILIA COMO ÓRGANO DE CONTROL BASE DE LA SOCIEDAD

Observamos que el "Control Interno", no es un capricho a voluntad de quien quiera o no aplicarlo, sino que es una exigencia que va desde los más altos niveles y organizaciones mundiales, llegando y permeando hasta la célula más básica y fundamental de la sociedad, como lo es la familia.

La célula social de la familia es la primera en el orden natural, es el primer eslabón que entrelaza lo personal con lo social y es porque desde el núcleo familiar es de donde toda persona inicia el desarrollo de su perfil como individuo responsable o no.

Las mejores prácticas profesionales que estudian el control interno, coinciden, que todo sistema de control interno debe contemplar como parte de sus pilares fundamentales, el tener indicadores que permitan medir, vigilar y hacer seguimiento al nivel de conciencia de control, el sentido de pertenencia y el nivel de competencia de sus individuos, en el cumplimiento del rol de control que se les ha delegado, porque del mismo dependerá el éxito o el fracaso en el logro de los objetivos y metas trazados por la organización.

CONCLUSIONES

¡Es en definitiva, el ser humano con sus actitudes y aptitudes que mueve, modifica, construye al mundo y en el peor de los casos, lo destruye!

Las mejores prácticas profesionales, han determinado que se puede tener el sistema de control interno más sofisticado del mundo, pero si quienes lo controlan no tienen la probidad, ni el nivel de conciencia en su responsabilidad de control, ni los niveles de competencia requeridos, cualquier cosa mala puede pasar e impedir el logro de los objetivos y metas trazados.

Es por esa razón, que los distintos modelos de sistemas de control interno, contemplan el elemento humano, como el punto de partida, el primer eslabón base, y es así, como forma parte, de uno de los cuatros pilares fundamentales de estudio y control en dichos sistemas. A ese pilar, muchos le han denominado como el "Ambiente de Control", otros lo denominan como "Control Circundante".

CAPITULO 4 - PILARES DEL SISTEMA DE CONTROL INTERNO

Las mejores prácticas profesionales coinciden, en que un adecuado sistema de control interno, debe contener fundamentalmente los siguientes cuatro pilares, enmarcados todos ellos en la evaluación de sus riesgos inherentes:

- Ambiente de Control
- Estructura de Control
- Actividades de Control
- Sistemas de Información, Medición e Informes

EL AMBIENTE DE CONTROL

El "Ambiente de Control", contempla aspectos claves del ser humano, como son la conciencia de control, el sentido de pertenencia y su nivel de competencia.

Estudiar, analizar y comprender el Ambiente de Control, dentro de cualquier sistema de control interno es fundamental, porque en las organizaciones, en el mundo de la inversión, en el mundo de las empresas, en el mundo en general donde se requieran procesos financieros, operacionales y administrativos o de cualquier índole, sus dueños, sus accionistas, sus responsables, pueden implantar los más sofisticados sistemas automatizados, las mejores leyes, políticas, estructuras organizativas, normas y procedimientos, pero el solo hecho de delegar al hombre su dirección, operaciones, administración, etcétera, trae implícito el riesgo de impacto negativo en el logro de los objetivos y metas como consecuencia de errores causados por malentendidos, descuidos, fatigas, distracciones, desmotivación, falta de pericia o en el peor de los casos, los fraudes o deseos de venganza.

Las mejores prácticas profesionales, coinciden que el Ambiente de Control, está básicamente conformado por los 6 siguientes elementos:

- Ética
- Valores
- Principios
- Actitudes
- Competencias
- Estilo Gerencial

ÉTICA

"Conjunto de costumbres y normas que dirigen o valoran el comportamiento humano en una comunidad. La ética es aquella instancia desde la cual juzgamos y valoramos la forma como se comporta el hombre y, al mismo tiempo la instancia desde la cual formulamos principios y criterios acerca de cómo debemos comportarnos y hacia dónde debemos dirigir nuestra acción".

Designamos con la palabra "Ética" el comportamiento, la conducta y el actuar de las personas. También se puede definir como ética: orientar acciones racionalmente durante toda la vida, hacia bienes.

Analicemos ahora cada uno de esos términos:

• **Orientar**: antiguamente la ética se caracterizaba por decir a las personas lo que tenían o no que hacer (ej.: no al aborto); hoy en día la ética no pretende solucionar sino orientar, ser una guía.

• **Acciones**: La ética no pretende orientar el pensamiento, sino las acciones. No se preocupa por lo que se piensa sino por lo que se hace. No es un saber teórico, es un saber práctico; las cuestiones prácticas le incumben a todo el mundo.

• **Racionalmente**: se intenta utilizar la razón, orientar las acciones racionalmente; se tiene que razonar el por qué se actúa de una manera y no de otra. Las personas no sólo actúan, sino que además tienen razones.

• **Durante toda la vida**: la ética no se preocupa sólo de una acción puntual sino de acciones que duran toda la vida y de acciones que con el tiempo se hacen hábitos. Se trata de labrar actitudes. El hacer está vinculado también con el ser ("la manera de hacer es ser"); se trata de pasar del hacer al ser (ej.: no se trata de hacer una acción generosa, sino de ser generoso).

• **Hacia bienes**: a la ética le preocupa una conducta hacia bienes, hacia el bien, hacia la madurez, hacia lo mejor, hacia lo excelso, hacia la autorrealización, para perfeccionarse a uno mismo."[3]

VALORES

Los valores, tienen que ver con la integridad del ser humano, lo que se considera correcto, relacionado con lo que es pureza, lo que califica al ser humano como una persona en quien los demás pueden confiar por su manera de ser.

"Se consideran valores universales La Honestidad, la Responsabilidad, la verdad, la Comunicación, la Sinceridad, el Respeto, el Compañerismo, la cooperación, la Solidaridad, la Tolerancia, el Aprendizaje (mejoramiento continuo), la Superación (deseos de ser mejores cada día), la paz, entre otros.

Los valores son principios que nos permiten orientar nuestro comportamiento en función de realizarnos como personas.

Son creencias fundamentales que nos ayudan a preferir, apreciar y elegir unas cosas en lugar de otras, o un comportamiento en lugar de otro. También son fuente de satisfacción y plenitud.

---

[3] Fuente:http://www.monografias.com/trabajos70/informe-etica/informe-etica.shtml#ixzz479u7tBW0

Son la base para vivir en comunidad y relacionarnos con las demás personas. Permiten regular nuestra conducta para el bienestar colectivo y una convivencia armoniosa.

Quizás por esta razón tenemos la tendencia a relacionarlos según reglas y normas de comportamiento, pero en realidad son decisiones. Es decir, decidimos actuar de una manera y no de otra con base en lo que es importante para nosotros como valor. Decidimos creer en eso y estimarlo de manera especial.

Al llegar a una organización con valores ya definidos, de manera implícita asumimos aceptarlos y ponerlos en práctica. Es lo que los demás miembros de la organización esperan de nosotros.

Sin embargo, puede resultar útil para facilitar su comprensión, clasificar los valores de acuerdo con los siguientes criterios:

- Valores Personales
- Valores Familiares
- Valores socio-culturales
- Valores materiales
- Valores espirituales
- Valores Morales
- Valores Organizacionales

A continuación una definición de cada uno de ellos:

Valores Personales

Son aquellos que consideramos principios indispensables sobre los cuales construimos nuestra vida, el sentido de pertenencia, nuestro sentido de responsabilidad y nos guían para relacionarnos con otras personas.

Son una mezcla de valores familiares y valores socio-culturales, a los cuales les agregamos los valores espirituales, materiales, morales y organizacionales que vayamos adquiriendo de nuestras propias experiencias particulares de vida.

Valores Familiares

Se refieren a lo que en el grupo familiar se valora y se establece como bien o mal.

Se derivan de las creencias fundamentales con las cuales los padres, o quienes hayan tomado dicho rol, educan a los niños.

Son principios y orientaciones básicas de nuestro comportamiento inicial en sociedad. Se transmiten a través de todos los comportamientos con los que actuamos en familia, desde los más sencillos hasta los más "solemnes".

Valores Socio-Culturales

Son los que imperan en la sociedad en la que vivimos. Han cambiado a lo largo de la historia y pueden coincidir o no con los valores familiares o los personales. Se trata de una mezcla compleja de distintos tipos de valoraciones, que en muchos casos parecen contrapuestas o plantean dilemas.

Por ejemplo, si socialmente no se fomenta el valor del trabajo como medio de realización personal, indirectamente la sociedad termina fomentando "anti-valores" como la deshonestidad, la irresponsabilidad o el delito.

Otro ejemplo de los dilemas que pueden plantear los valores socio-culturales ocurre cuando se promueve que "el fin justifica los medios". Con este pretexto, los terroristas y los gobernantes arbitrarios justifican la violencia, la intolerancia y la mentira, alegando de forma demagógica, que su objetivo final es la paz.

Entendiendo como demagogia, según Wikipedia, como "la oratoria que permite atraer hacia los intereses propios las decisiones de los demás, utilizando falacias o argumentos aparentemente válidos que, sin embargo, tras un análisis de las circunstancias, pueden resultar inválidos o simplistas."

Valores Materiales

Son aquellos que nos permiten subsistir.

Tienen que ver con nuestras necesidades básicas como seres humanos, como alimentarnos o vestirnos para protegernos de la intemperie.

Son importantes en la medida que son necesarios.

Son parte del complejo tejido que se forma de la relación entre valores personales, familiares y socio-culturales. Cuando se exageran, los valores materiales entran en contradicción con los espirituales.

Valores espirituales

Se refieren a la importancia que le damos a los aspectos no-materiales de nuestras vidas.

Son parte de nuestras necesidades humanas y nos permiten sentirnos realizados.

Le agregan sentido y fundamento a nuestras vidas, como ocurre con las creencias religiosas.

Valores Morales

Son las actitudes y conductas que una determinada sociedad considera indispensables para la convivencia, el orden y el bien general.

Valores Organizacionales

Patrones de conducta específicos que pueden reconocerse, transmitirse y apropiarse. Es el conjunto de valores utilizados para ordenar la relación entre sus miembros."[4]

PRINCIPIOS

Los principios son razones, guías, indicadores, orientaciones, sobre lo que una determinada sociedad, individuos, grupos, organizaciones, valoran como justo, digno, evidente, válido, verdadero y no susceptible a demostración.

---

[4] http://www.cograf.com

El principio es una verdad fundamental, una ley o doctrina básica o elemental, una regla definida de acción.

Para las auditorías "per se", los principios son las verdades básicas que indican los objetivos de esas auditorías.

La palabra principio proviene del griego "axioma". Un axioma que plasma "una determinada valoración de justicia de una sociedad, sobre la que se construyen las instituciones del Derecho y que, en un momento histórico determinado informa, guía y sirve de fundamento al contenido de las normas jurídicas de un Estado."[5]

ACTITUDES

Las actitudes en términos generales son formas de pensar, sentir, responder, reaccionar, comportarse de un ser humano, en función a su formación integral como individuo, experiencias, percepciones, creencias, principios y emociones, los cuales varían de acuerdo con los estímulos que reciba del entorno o del medio ambiente, donde interactúa.

"La Real Academia Española "RAE" menciona tres definiciones de la palabra actitud, un término que proviene del latín "actitudo".

De acuerdo con la "RAE", "la actitud es el estado del ánimo que se expresa de una cierta manera (como una actitud conciliadora). Las otras dos definiciones hacen referencia a la postura del cuerpo de una persona (cuando transmite algo de manera eficaz o cuando la postura se halla asociada a la disposición anímica) o de un animal (cuando logra concertar atención por alguna cuestión)."[6]

---

[5] http://jorgemachicado.blogspot.com/2009/07/principio.html#sthash.UPWA3Iuf.dpuf

[6] Fuente: http://definicion.de/actitud/#ixzz47AFCJdDp

"Son formas habituales de pensar, sentir y comportarse de acuerdo con un sistema de valores que se van configurando a lo largo de la vida a través de las experiencias de vida y educación recibida (…) las actitudes son el sistema fundamental por el cual el ser humano determina su relación y conducta con el medio ambiente. Son disposiciones para actuar de acuerdo o en desacuerdo respecto a un planteamiento, persona, evento o situación específica; dicha de la vida cotidiana. (…) Las actitudes están constituidas por elementos cognitivos (percepciones y creencias), afectivos (sentimientos a favor o en contra) y conativos (reacción), que de manera integrada o interdependiente contribuyen a que la gente actúe de una manera específica (…) Los gerentes que representan el sistema administrativo (quienes toman las decisiones) deben tratar de conocer las bases del comportamiento organizacional como medio para mejorar las relaciones entre las personas y la organización. Los gerentes tratan de crear un ambiente en el que la gente se sienta motivada, trabaje más productivamente y sea más eficiente."[7]

COMPETENCIAS

Las competencias están relacionadas con las capacidades, habilidades y destrezas intelectuales y motoras, tanto reales como potenciales que tiene un ser humano para asumir, responder y desempeñarse en situaciones particulares como individuo en el ámbito personal, social, laboral, familiar, etcétera.

"Las competencias son las capacidades con diferentes conocimientos, habilidades, pensamientos, carácter y valores de manera integral en las diferentes interacciones que tienen los seres humanos para la vida en el ámbito personal, social y laboral.

---

[7]   Fuente: http://www.monografias.com/trabajos82/actitudes/actitudes.shtml#ixzz47AFmjQYB

Las competencias son los conocimientos, habilidades, y destrezas que desarrolla una persona para comprender, transformar y practicar en el mundo en el que se desenvuelve.

La noción de competencia, referida inicialmente al contexto laboral, ha enriquecido su significado en el campo educativo en donde es entendida como un saber hacer en situaciones concretas que requieren la aplicación creativa, flexible y responsable de conocimientos, habilidades y actitudes. (...) El concepto de competencia se refiere a la manera que permite hacer frente regular y adecuadamente, a un conjunto o familia de tareas y de situaciones, haciendo apelación a las nociones, a los conocimientos, a las informaciones, a los procedimientos, los métodos, las técnicas y también a las otras competencias más específicas."[8]

ESTILO GERENCIAL

Es el modelaje y el grado de consistencia entre el deber ser, lo que dicen y lo que hacen aquellos que tienen el rol de autoridad, el nivel de mando dentro de una organización.

El estilo gerencial está vinculado directamente con la figura de poder, a quien obedecer, o a quien nos exponen como modelo a seguir.

A nivel organizacional, es fundamental tener claro, que el Estilo Gerencial, tiene que ver con el don de autoridad, del líder, del (os) que tiene(n) el (los) nivel(es) jerárquico(s) superior(es).

Las actuaciones y respuestas de las personas de un entorno, están en línea directa con el liderazgo individual que reflejen sus supervisores entre lo que profesan y lo que efectivamente hacen, en cuanto a su personalidad, valores, principios, ética, responsabilidad.

---

[8]   Fuente: Wikipedia, Competencias

A continuación un excelente artículo, que su contenido encaja perfectamente con el estudio antes citado del Ambiente de Control a nivel organizacional, es un escrito de Patricia Brenes de fecha 17/07/2016

"No menosprecie el beneficio que las habilidades blandas dan a su empresa.

La productividad se viste de emociones tales como la pasión, el compromiso y la creatividad. Son el motor interno de una persona que se encuentra en equilibrio y en paz consigo misma.

Por el contrario, el estrés, el enojo, el dolor y la tristeza atentan contra la salud de la persona y contra la productividad y la rentabilidad de las empresas.

Es así como el ambiente laboral es el resultado de diversos factores como las emociones con las que interactúan las personas, las que toman forma y se expresan en los resultados empresariales.

La productividad la determina el modelo de negocio, los recursos económicos y también el acervo intelectual. Pero la construcción del ambiente laboral lo determina la cultura empresarial, refiriéndose a los valores, hábitos, costumbres y tipo de liderazgo.

Se incluye también el capital intelectual de la empresa, sean personas profesionales o técnicamente especializadas, con conocimientos y habilidades adquiridos en el negocio; ese es el acervo de habilidades duras, que los hace competentes para dirigir la empresa. Son las que permiten asumir con responsabilidad las riendas del negocio y llevarlo al destino que dicta la estrategia empresarial.

Para que ese engranaje opere con armonía y rendimiento, se requieren, colaboradores, líderes, equipos interdisciplinarios y de alto desempeño, comprometidos, capaces de compartir información, de buscar resultados, dirimir conflictos y apoyar al líder.

Interesa detenerse en este tema: la importancia del desempeño social de las personas y del manejo emocional propio y hacia terceros, con quienes interactúan en el seno empresarial.

Estas habilidades blandas se asocian a las habilidades y los valores que cada individuo trae consigo mismo, entre ellas, la voluntad de crear y proponer.

Ellas influencian las interrelaciones de los equipos de trabajo, del jefe con los colaboradores y los líderes con la organización. Estos valores se expresan como honestidad, compromiso, proactividad, creatividad, sin perjuicio de otros valores que impulsen las empresas. Es de advertir que la habilidad para trabajar en equipo, colaborar, comunicarse asertivamente, ejercer con autonomía y para relacionarse con los demás, se traduce en productividad y resultados empresariales.

Una importante tarea

El punto es ¿quién enseña esas competencias blandas? ¿Cómo se desarrollan y aprenden?

Podría ser que la respuesta está en el proceso de socialización, o bien en, las normas y conductas establecidas en el hogar de cada quien, sin omitir, el componente genético que viene de la inteligencia y el aprendizaje, o sea, de su capacidad cognoscitiva.

La sumatoria de estos elementos y experiencias a lo largo de la vida de cada individuo y su desarrollo individual, más los aportes de su personalidad, hacen que esas habilidades sean más fáciles de gestionar para unas personas que para otras.

La últimas tendencias sobrevalúan las competencias blandas, por las implicaciones que tienen en la productividad empresarial. Pero, para nadie es un secreto que, con frecuencia, la proactividad y el compromiso, resultan un recurso escaso.

Lamentablemente también, la dinámica empresarial se encarga de socavarlos. Muchas de nuestras organizaciones pasan por alto estas valoraciones y prevalecen los hábitos y las costumbres que se han establecido a lo largo de los años, generando una determinada cultura organizacional, tendiente a valorar más el conocimiento y las destreza técnica, que los comportamientos que identifican a las personas.

Por esa razón, las tendencias modernas buscan que las organizaciones sean dirigidas por un líder que se caracterice por ese tipo de competencias o habilidades y que las pueda reconocer y valorar en sus colaboradores.

Se espera que el líder moderno sea asertivo, auténtico, visionario, con capacidad de influir, con estilo coach para escuchar y recibir (con humildad y empatía) las demandas y propuestas de las personas y los equipos. Si bien debe ser conocedor del modelo de negocio, su accionar principal está marcado por la capacidad de comunicarse asertivamente y de relacionarse, de buscar el consenso en la organización, motivar y convencer de manera auténtica, para llevar la empresa a buen puerto.

Así las cosas, es recomendable que las empresas y organizaciones, en general, valoren los comportamientos de las personas y los equipos en su justa dimensión, con el reconocimiento y la promoción, para así retribuir y potenciar una cultura empresarial que valora el compromiso, la innovación, la proactividad y la iniciativa en los resultados de la empresa."[9]

---

[9] http://www.elfinancierocr.com/gerencia/Gerencia-Patricia_Brenes-productividad-habilidades_blandas-liderazgo-coaching-valores-cultura_empresarial-talento_humano_0_994100592.html

En las siguientes páginas se muestran varios resúmenes del Ambiente de Control, desde una óptica general y desde el punto de vista empresarial.

El ambiente de Control a nivel general:

¿Qué es la Ética?

- Comportamiento
- Conducta
- El actuar

¿Cómo se percibe la Ética?

- Se preocupa por lo que se hace,
- Es una guía del actuar,
- Permanentes en el tiempo,
- Dirigidas hacia hacer el bien.

¿Qué son los Valores?

- Integridad
- Probidad

¿Cómo se perciben los Valores?

- La Honestidad,
- La Responsabilidad,
- La Verdad,
- La Comunicación,
- La Sinceridad,
- El Respeto,
- El Compañerismo,
- La Cooperación,
- La Solidaridad,

- La Tolerancia,
- El Aprendizaje (mejoramiento continuo)
- La Superación (deseos de ser mejor cada día)
- La Paz.

¿Qué son los Principios?

Lo que es justo, en otras palabras, La Justicia.

¿Qué son las Actitudes?

Formas habituales de pensar, sentir y comportarse.

¿Cómo se perciben las actitudes?

- Estado de ánimo, postura del cuerpo cuando se transmite algo,
- El sentido de pertenencia que debe tener toda persona, de todo aquello que está bajo su custodia, responsabilidad y cuido.

¿Qué es el Estilo Gerencial?

Es el modelaje que dan los que tienen la autoridad y el nivel de mando.

¿Cómo se percibe el Estilo Gerencial?

- La práctica de valores que se inspiran en los supervisados,
- Cómo se comunican las responsabilidades.
- La forma como se retribuye a los que más contribuyen con la organización,
- La forma como se imponen sanciones a los que han incurrido en desviaciones,

- La forma como se atienden y se corrigen las desviaciones observadas en los diferentes miembros de la organización.

¿Qué son las Competencias?

- Conocimientos
- Habilidades
- Destrezas

¿Cómo se perciben las Competencias?

Aptitudes y actitudes, un saber hacer en situaciones concretas que requieren la aplicación creativa, flexible y responsable de conocimientos, habilidades y actitudes.

Lo más importante, es la siguiente pregunta, ¿De qué dependen la ética, los valores, los principios, el estilo gerencial, las competencias?

Respuesta: dependen de los valores personales, valores familiares, valores socio-culturales, valores espirituales, valores morales del individuo y de los valores organizacionales.

EL AMBIENTE DE CONTROL A NIVEL EMPRESARIAL

¿Qué es la Ética Empresarial?

- Comportamiento,
- Conducta,
- El actuar.

¿Cómo se percibe la Ética a nivel de empresa?

- Como se conducen las actividades,
- Como se asumen los compromisos y obligaciones tanto

en las relaciones internas como las externas,

- Fuerza moral con la que se guía a la organización,
- Preocupación por lo que se hace,
- Permanentes en el tiempo,
- Dirigidas hacia hacer el bien.

¿Qué son los Valores Empresariales?

Probidad

¿Cómo se perciben los Valores Empresariales a nivel de empresa?

Mantener y promover valores que caractericen la cultura y la actuación basados en:

- El respeto por la gente
- La equidad
- La responsabilidad Social
- La Transparencia
- La seguridad
- La competencia sana
- La excelencia
- La Honestidad
- La Comunicación
- La Cooperación
- La Solidaridad
- La Tolerancia
- El Aprendizaje (mejoramiento continuo)
- La Superación (deseos de ser mejor cada día)

- La Paz

- El nivel de sinceridad, honestidad con los entes y personas relacionadas

- Respeto en el nivel de divulgación de la confidencialidad de información que comprometa los intereses de la corporación y de terceros

¿Qué son los Principios Empresariales?

Lo que es justo

¿Cómo se perciben los Principios a nivel de empresa?

- Tener equidad en el trato y relaciones con el personal, clientes, proveedores y el resto del entorno,

- Ser fiel a los valores y expectativas que se profesan.

¿Qué son las Actitudes Empresariales?

Formas habituales de pensar, sentir y comportarse

¿Cómo se perciben las Actitudes a nivel de empresa?

- Confidencialidad en el manejo de información y asuntos de la empresa,

- Cuido y resguardo de los recursos y bienes de la empresa, ya sean físicos, digitales o electrónicos,

- Seguimiento al cumplimiento de los horarios de trabajo,

- Establecimiento y seguimiento de normas sobre la forma de vestir y comportarse del personal dentro de la ejecución de sus tareas,

- Transparencia en el manejo de las transacciones administrativas, operacionales, comerciales, etcétera,

- Lo más importante en todo esto, es el sentido de pertenencia que cada trabajador debe tener, sobre todo aquello que se le ha delegado para tenerlo bajo su responsabilidad.

¿Qué son las Competencias Empresariales?

- Conocimientos
- Habilidades
- Destrezas (reales y potenciales)

¿Cómo se perciben las Competencias a nivel de empresa?

• La excelencia en los métodos de reclutamiento y selección del personal nuevo,

• Reconocimiento al mérito para llenar vacantes con personal interno,

• Búsqueda de la excelencia en el cumplimiento del trabajo individual,

• Acceso a los mejores mercados, clientes y proveedores basado en la excelencia de servicios y productos,

• Creación de mejores negocios mediante el desarrollo de nuevas oportunidades de crecimiento,

• Búsqueda del logro de la máxima eficiencia,

• Enfocar el esfuerzo hacia procesos y actividades que garanticen el cumplimiento de los objetivos generales,

• Innovación continua de los sistemas, de los procesos que permitan incrementar el desempeño organizacional desde el punto de vista humano, ambiental, financiero, comercial, operativo, etcétera,

• Aptitudes y actitudes: un saber hacer en situaciones concretas que requieren la aplicación creativa, flexible y responsable de conocimientos, habilidades y actitudes,

• La formación profesional del personal,

• La experiencia del personal en los cargos donde están asignados,

• Tiempo de las personas en un mismo puesto,

• Tiempo de servicio de las personas dentro de la empresa,

• Programas de vacaciones y su nivel de cumplimiento,

• Nivel de rotación del personal,

• Estudios de brechas de competencias (lo real vs lo potencial),

• Planes de formación (grado de cumplimiento),

• Fuentes de información de los Planes de formación, es decir si están ajustados o no a resultados de estudios de brechas de competencias,

• Magnitud y tipos de observaciones ocasionados por factores del personal revelados en los informes de los auditores externos, de los auditores internos, o de otras unidades de control tanto interno como externo.

¿Qué es el Estilo Gerencial a Nivel Empresarial?

Es el modelaje que dan los que tienen la autoridad y el nivel de mando.

¿Cómo se percibe el Estilo Gerencial a nivel de empresa?

• Actitudes y actuaciones a través de las cuales la gerencia asume y comunica la autoridad y responsabilidades para hacer frente a las metas y objetivos trazados.

Por ejemplo las políticas de la empresa pueden fracasar si no son comunicadas y comprendidas por todos los integrantes de la empresa.

• La práctica de valores que inspiran en los supervisados, aquellos en quienes se les delegó la responsabilidad de dirigir la empresa en sus distintos niveles jerárquicos, áreas y procesos específicos,

• Cómo se comunican las responsabilidades,

• La forma como se compensa económicamente a los que más contribuyen con el logro de los objetivos y metas de la organización,

• La forma como se imponen y se divulgan las sanciones a los que han incurrido en desviaciones,

• La forma como se atienden y se corrigen las brechas de control informadas por los diferentes entes de control de la empresa, tanto internos como externos.

¿CÓMO EVALUAR EL AMBIENTE DE CONTROL?

A continuación se expone una guía que puede ser aplicada a la mayoría de las organizaciones, y que es independiente de los objetivos particulares de cada una de ellas.

Es un cuestionario que comprende dos fases, y que debe completarse por cada revisión de auditoría que se realice:

Fase 1: Al inicio de cada auditoría, mediante la recolección de información física o electrónica, que debe solicitarse directamente al auditado, y/o a través de pruebas de indagación (preguntas directas a través de entrevistas, cuestionarios) a los de mayor nivel jerárquico de los procesos a ser auditados.

Fase 2: Durante el transcurso de la auditoría, a través de pruebas de observación y/o indagación

PRUEBAS DE OBSERVACIÓN

Observar el comportamiento de los auditados cuando no se sienten vigilados por los auditores. Porque la tendencia es, que cuando se sienten observados tienden a ejecutar sus actividades como lo establecen sus roles, las normas y los procedimientos.

Por eso es importante, en primer lugar, mientras dure el tiempo de ejecución de la auditoría, que el auditor tenga un lugar para establecerse físicamente dentro del área a ser auditada, en caso contrario, el auditor debe realizar visitas constantes al área donde laboran las personas que está auditando, aprovechando que está realizando otras pruebas de auditoría, de tal forma, que le permitan detallar, precisar cómo es la actitud verdadera de las personas en el cumplimiento de sus actividades.

Por ejemplo:

• Las claves secretas para ingresar a los sistemas a veces las comparten con otras personas, o las tienen anotadas en un lugar donde pueden ser tomadas fácilmente por terceros.

• Cajas de seguridad, que en forma descuidada dejan abiertas y las oficinas con las puertas abiertas y el custodio no se encuentra en el lugar.

• Personal de seguridad permite el acceso de personas sin identificación y sin restricción del paso.

• Se procesan transacciones sin validar que cumplan con lo establecido en las guías o procedimientos internos.

• Se aprueban las transacciones sin validar sus soportes.

• Archivos de documentos físicos, sin restricción de acceso a terceros.

• Las personas se ausentan por vacaciones, reposos,

permisos, cursos, etcétera y quienes las reemplazan utilizan las claves de acceso de los ausentes y no las suyas propias.

PRUEBAS DE INDAGACIÓN

Preguntas directas del auditor al auditado sobre situaciones particulares, sin embargo, el auditor debe tener presente, que sobre todas las respuestas que reciba, debe obligatoriamente, realizar otras pruebas de auditoría para cerciorarse de la validez de la información y sustentarla.

En las siguientes páginas se presenta un cuestionario sugerido para la evaluación del Ambiente de Control, puede ser aplicado a cualquier tipo de organización, independiente de su tamaño, complejidad, tipo.

Para cada pregunta que se muestra en el siguiente cuestionario, debe haber obligatoriamente una respuesta sí o no, e independientemente del tipo de respuesta sí o no, también es obligatorio ahondarla con comentarios e indicar claramente cómo queda la trazabilidad dentro de los registros de lo expuesto en cada comentario. Por otra parte, por cada respuesta se debe indicar si el aspecto será o no evaluado, en caso de ser positiva la respuesta, debe exponer los tipos de pruebas que realizará al respecto, y dejar referencias de donde quedan documentadas tanto las pruebas como sus resultados.

CUESTIONARIO PARA LA EVALUACIÓN DEL AMBIENTE DE CONTROL:

PARTE 1
CONTRATACIÓN DE NUEVOS EMPLEADOS

1. ¿La organización cuenta con métodos y procedimientos en la contratación de nuevos empleados que le permitan garantizar que se seleccionen?:

Explicar si la organización cuenta con métodos internos para validar la documentación que entrega el candidato a empleo como evidencias de sus credenciales, así como sus competencias y experiencia previa? ¿Y si se deja evidencia de esas validaciones?

1.1 ¿Personas con probidad? *(Explicar si la organización cuenta con métodos internos para validar si el candidato a empleo tiene antecedentes penales, comprobar la validez de las referencias personales, y si su conducta como individuo ha sido apropiada).*

1.2 ¿Personas con los niveles de salud y capacidad motora apropiada? *(Explicar si los procedimientos internos, permiten comprobar las condiciones de salud y capacidad motora).*

1.3 ¿Personas con los niveles de competencia requeridos para ocupar las posiciones que le serán encomendadas?

Explicar si los procedimientos internos, permiten comprobar:

1.3.1 La validez de documentación que entrega el candidato a empleo como soporte de sus credenciales y experiencia.

1.3.2 El nivel de experiencia que el candidato a empleo indica tener.

PARTE 2
POLÍTICAS PARA LLENAR LAS VACANTES

2. ¿Las políticas para llenar las vacantes con personal propio de la empresa, garantizan que se promueve a quienes tiene los niveles de competencia requeridos?

Recabar esta información sólo puede hacerla, mediante pruebas de observación e indagación, que le permitan determinar

2.1 ¿de qué forma las personas han logrado posicionarse y/o escalar dentro de la organización?

2.2 ¿Cuáles son los métodos que se utilizan para aumentos salariales?

PARTE 3
PROMOCIONES DEL PERSONAL

3. ¿Los métodos que se realizan para evaluar y promover al personal, garantizan la sana competencia entre el personal?

3.1 ¿De qué forma las personas han logrado posicionarse y/o escalar dentro de la organización?

3.2 ¿Cuáles son los métodos que se utilizan para aumentos salariales?

3.3 ¿Los métodos que se utilizan para el análisis y evaluación de puestos son apropiados?

PARTE 4
MÉTODOS DE SUPERVISIÓN

4. ¿Los métodos de supervisión realizados, promueven la sana competencia entre el personal?

4.1 ¿De qué forma las personas han logrado posicionarse y/o escalar dentro de la organización?

4.2 ¿Cuáles son los métodos que se utilizan para aumentos salariales?

PARTE 5
CARGA DE TRABAJO

5. ¿De qué manera los métodos de supervisión permiten evaluar si la carga de trabajo ha sido apropiadamente distribuida entre quienes tienen la capacidad y la competencia?

Recabar esta información solo puede hacerse mediante pruebas de observación e indagación, que permitan evidenciar carga excesiva en unos sin la capacidad de desempeño para enfrentarla y otros, con gran capacidad de trabajo, pero desempeñando actividades de menor importancia.

PARTE 6
ROTACIÓN DE PERSONAL

6. ROTACION DE PERSONAL

6.1 ¿Existe alta rotación de personal?

La manera de determinar la alta rotación del personal en una posición es mediante pruebas de observación e indagación, que permitan recabar información del tiempo que cada persona tiene dentro de la posición, y cuanto tiempo han durado los que previamente han estado en esa posición, en el caso que quienes la estén ocupando tengan poco tiempo en ella. La alta rotación de personal en una posición, y sobre todo en posiciones claves es indicio de alto riesgo de errores, por falta de pericia ejecutando dichas actividades, porque las personas siempre van a estar en proceso de aprendizaje para tener los conocimientos mínimos para desempeñar sus actividades.

6.2 En caso de ser positiva la respuesta a la pregunta anterior, indique ¿si los métodos que existen para seleccionar los reemplazos, proporcionan confianza en cuanto a que quienes ocupen nuevamente esas posiciones están calificados?

Los riesgos pudieran disminuir en la medida que los métodos para proporcionar los reemplazos dan garantía que quienes ocupen nuevamente esas posiciones estén calificados. Es importante, ser explícito en dar los comentarios a esta pregunta.

6.3 ¿Existe rotación planificada del personal?

La rotación planificada del personal, es necesaria:

- *Como factor de motivación.*

- *Disminuir el riesgo de errores, a consecuencia de la rutina, hace que en ocasiones la gente se embote, originando en consecuencia, que los procesos de control que deben realizarse no se hagan, por considerar que son cosas evidentes y por obvias no se le da la importancia que se merecen.*

- *Se obvian procesos de control, fundamentado en la confianza y buena fe que surgen de las relaciones interpersonales que el tiempo y contacto constante nace y se fortalece entre las personas que ejecutan los procesos y aquellos que deben realizar los procesos de validación, verificación, aprobación.*

PARTE 7
VACACIONES DEL PERSONAL

7. VACACIONES DEL PERSONAL

7.1 ¿Se exige que el personal tome vacaciones anualmente?

El exigir que el personal tome vacaciones, tiene varios objetivos:

• Que la persona tenga actividades propias de esparcimiento, que le permitan el descanso apropiado, que la rutina puede conllevarle a incurrir en errores involuntarios en su trabajo por el cansancio, el aburrimiento, la desmotivación.

• Descubrir errores intencionales o fraudes incurridos por el trabajador en el transcurso normal de sus actividades, que su estadía permanente en su puesto, le puede permitir ocultarlos.

7.2 ¿Cuándo personal con actividades claves sale de vacaciones, se proveen sus reemplazos?

Es imprescindible, que todas las posiciones claves, o actividades que representen de una u otra forma procesos de transcripción de información, revisión, conciliaciones, aprobaciones, autorizaciones, custodias a cualquier nivel, deben tener necesariamente reemplazos, lo cual permitirá descubrir errores intencionales o fraudes incurridos por el trabajador en el transcurso normal de sus actividades, que su estadía permanente y sin reemplazo en su puesto, le puede permitir ocultarlos.

7.3 ¿Los métodos para llenar las vacantes por vacaciones del personal propician la sana competencia?

- *El ocupar temporalmente vacantes por vacaciones con personal activo, tiene las siguientes reacciones:*

- *Cuando representa promover a alguien, son reconocimientos y oportunidades para los trabajadores, los riesgos para la organización estarán en proporción con el nivel de competencias y méritos de quienes llenan las vacantes y la reacción de sus compañeros de trabajo.*

- *Cuando se degrada de posición temporalmente a un trabajador, las reacciones pueden ser negativas y los riesgos de errores pueden ser altos.*

PARTE 8
CUMPLIMIENTO ROLES DE CONTROL INTERNO

8. ¿La carga de trabajo para las distintas posiciones permite que las personas sean cuidadosas con el cumplimiento de sus roles de control?

Cuando se recarga a una persona con muchas responsabilidades, así la persona tenga las capacidades, habilidades, méritos, probidad, está expuesta a incurrir en errores involuntarios por el cansancio, agotamiento o falta de tiempo para acometer todas las actividades con el nivel de cuidado requerido para cada una.

PARTE 9
SUPERVISIÓN DEL PERSONAL

9. ¿Existe una adecuada supervisión del trabajo que realizan las personas?

Los procedimientos que quedan evidenciados a través de los sistemas y de los documentos en físico o electrónico, dan evidencia de haber sido revisados, autorizados y aprobados, no obstante, a veces las personas colocan esas evidencias sin que efectivamente hayan ejecutado las revisiones que deberían haber realizado. La única forma de comprobar que efectivamente hicieron su proceso de revisión, es observándolos mientras lo hacen y cuando no sientan que están siendo observados por esa labor específica que están ejecutando.

PARTE 10
CUMPLIMIENTO DE METAS ATADAS A BONIFICACIONES

10. ¿Existen elementos que permiten determinar que la gerencia pase por alto los controles internos?

10.1 ¿metas inalcanzables que están atadas a bonos de productividad que no se recibirán?

Es necesario que el auditor conozca si el personal, o ciertos niveles de ellos, reciben bonificaciones que estén atadas a la productividad, porque cuando sus ingresos están en línea con metas que deben cumplir, se pueden alterar resultados.

La manera en que el auditor puede tener indicios de alteraciones de resultados es haciendo revisiones analíticas. Como ejemplos:(1) análisis de tendencias en estadísticas que le permitan comparar resultados entre períodos iguales, (2) aumentos de ingresos por ventas que no se corresponden con las tendencias de los inventarios de mercancías para la venta o de la producción.

10.2 ¿Proyectos con bajos niveles de ejecución, pero con altos compromisos de su entrega por parte de los altos ejecutivos de la empresa?

La tendencia en estos casos por parte de los ejecutivos, son varios:

- *Altos riesgos de alterar los registros contables, los presupuestos.*
- *Contrataciones sin cumplir las normas y procedimientos.*
- *Baja calidad en las obras y servicios*

10.3 Contratistas que abandonaron en plena fase de ejecución los mantenimientos mayores de equipos e instalaciones de producción versus compromisos de producción y ventas.

La tendencia en estos casos por parte de los ejecutivos, son varios:

- *Altos riesgos de Contrataciones sin cumplir las normas y procedimientos.*

- *Baja calidad en las obras y servicios.*

- *Obras y servicios no terminados pero pagados al cien por ciento (100%).*

10.4 ¿Existe apatía por la alta gerencia de corregir desviaciones de control interno reportadas por los entes de control?

10.5 ¿Las observaciones de auditoría por desviaciones en el sistema de control interno, son recurrentes cada vez que se hace la revisión a los mismos procesos?

PARTE 11
HORARIOS DE TRABAJO

11. Horarios de Trabajo

11.1 ¿Se han establecido horarios de trabajo, de ser positiva la respuesta, son públicos y a la vista de todos?

11.2 ¿Son respetados los horarios de trabajo tanto para la entrada como para la salida?

11.3 ¿Son monitoreados?

11.4 ¿Las desviaciones son sancionadas?

PARTE 12
AUSENCIAS DEL PERSONAL

12. ¿Las ausencias del personal, son pocas o escasas, en caso contrario, son controladas y se aplican sanciones?

PARTE 13
INDICES DE ENFERMEDADES DEL PERSONAL

13. ¿Existen controles adecuados para estudiar los índices de enfermedades de los trabajadores y sus causas?

PARTE 14
VESTIMENTA DEL PERSONAL

14. ¿El personal se viste de forma apropiada para asistir al trabajo y hay normativas que regulan la situación?

PARTE 15
SENTIDO DE PERTENENCIA DEL PERSONAL

15. ¿El personal tiene sentido de pertenencia para el cuido y custodia de los bienes de la empresa mientras están bajo su responsabilidad?

15.1 ¿Las personas dejan sus oficinas abiertas con el riesgo de pérdidas de información y activos valiosos para la organización?

15.2 ¿Los trabajadores utilizan las claves secretas asignadas a otros trabajadores, cuando temporalmente llenan las vacantes de aquellos, por permisos, vacaciones, etcétera, o las claves secretas están expuestas y son de fácil acceso para terceros?

15.3 ¿Existen bóvedas para resguardo de documentos con información muy valiosa para la organización, pero las claves para abrirlas se exhiben públicamente en el área donde se encuentran físicamente?

15.4 ¿Se guardan los documentos en bóvedas, pero éstas permanecen abiertas, o cuando se colocan las claves para abrirlas no se tiene el cuidado de no ser observado por otros?

15.5 El personal no tiene el debido cuidado en el uso y manipulación de las herramientas de trabajo (las usa con descuido, las daña intencionalmente, permite que otros la dañen, se las roba, permite que las roben, etcétera.

15.6 El personal facilita a terceros las llaves físicas o electrónicas que le dieron para permitirle el acceso, circulación y salida por las áreas de la organización.

PARTE 16
MOTIVACIÓN DEL PERSONAL

16. ¿Existen mecanismos que permitan evaluar el ánimo de los trabajadores hacia la empresa?

PARTE 17
MÉTODOS PARA FORMACIÓN DEL PERSONAL

17. Los métodos para formación del personal:

17.1 ¿Son apropiados?

17.2 ¿Se fundamentan en brechas de competencias?

17.3 ¿Se hace seguimiento al cumplimiento del plan de formación?

17.4 ¿El plan de formación es aprobado por los niveles altos de cada Dirección?

17.5 ¿Se da prioridad a la formación del personal con posiciones claves?

17.6 ¿los planes de formación dan prioridad a cubrir brechas claves y críticas?

17.7 ¿Los planes de formación toman en consideración los méritos para elegir el personal?

17.8 ¿Los planes de formación son incluyentes, es decir que todos tienen la misma posibilidad de ser seleccionados?

17.9 ¿Los métodos de supervisión permiten mejoras en la calidad de los trabajos y en la disminución de los desperdicios que incidan en los costos operativos?

PARTE 18
TRATO A LOS NUEVOS EMPLEADOS

18. Nuevos Empleados

18.1 ¿Se proporciona suficiente orientación y formación a los empleados de nuevo ingreso?

18.2 ¿La formación de los empleados de nuevo ingreso contempla la supervisión guiada por lo menos por los primeros meses?

18.3 ¿Cuál es la actitud corporativa de la empresa con relación a los empleados de nuevo ingreso?

PARTE 19
ENTES INTERNOS DE CONTROL

19. ¿Existen dentro de la Organización entes de control interno?

Ejemplo ¿la función de Auditoría Interna? , En caso de ser afirmativo, puede que existen elementos que permiten evidenciar que:

19.1 ¿los auditores internos son personal objetivo? es decir que tengan independencia y transparencia en sus informes por, su nivel de reporte dentro de la organización, el nivel de parentesco, familiaridad, amistad con los auditados.

19.2 ¿Se toman las previsiones para que el personal de auditoría interno tenga las competencias apropiadas en busca de la excelencia en la ejecución de sus trabajos?

19.3 ¿El Trabajo de los auditores es documentado?

19.4 ¿El Trabajo de los auditores es realmente realizado?

19.4.1 Es decir que tengan un plan de revisiones de auditoria donde contemple que las actividades críticas, vitales e importantes de la empresa, sean auditadas anualmente, y las menos importantes estén contempladas en un plan a mediano plazo no mayor de 5 años, donde todas las áreas sin excepción sean auditadas.

19.4.2 Que exista un plan para seguimiento de las desviaciones de control interno, detectadas en los informes de auditoría, que permitan que en el corto y mediano plazo sean corregidas.

19.5 ¿Existen mecanismos que permitan evaluar por terceros la función que realiza Auditoría Interna?

FIN DEL CUESTIONARIO

LA ESTRUCTURA DE CONTROL

La Estructura de Control es el segundo pilar básico para un eficaz y eficiente Sistema de Control Interno.

Dice un adagio, "sólo lo que tiene estructura prevalece, lo que no, se desvanece!", por lo tanto, la estructura de control, es la columna vertebral, de cualquier sistema de control interno que se establezca.

La Estructura de Control, debe estar conformada por un conjunto de elementos tangibles necesarios y entrelazados entre sí, de tal forma que permitan alcanzar los objetivos y metas trazados. Deben ir desde lo general hasta lo particular y llegar sin excepción a todos y a cada uno de los distintos elementos que conforman la organización.

Su nivel de complejidad dependerá del nivel y grupo al cual se pertenezca.

Las mejores prácticas profesionales establecen que toda estructura de control, debe contener como mínimo los siguientes 6 elementos:

- Políticas
- Planes
- Estructura Organizativa
- Roles
- Normas

• Procedimientos

A continuación a grandes rasgos, lo que comprende cada uno de esos elementos:

POLÍTICAS: Directrices, lineamientos de la alta dirección para manejar estratégicamente la organización y que deben estar en línea directa con sus objetivos generales.

PLANES: Son las actividades requeridas y los recursos financieros, materiales y humanos necesarios en el corto, mediano y largo plazo para alcanzar los objetivos y metas de la organización.

ESTRUCTURA ORGANIZATIVA: La estructura organizativa, es en otras palabras la organización de la delegación del nivel de responsabilidades y autoridad, desde el más alto nivel hasta el más mínimo integrante de la organización.

Una estructura organizativa adecuada es aquella que en la segregación de funciones al delegar las responsabilidades y la autoridad, permita la transparencia en los procesos evitando la incompatibilidad de funciones. A continuación algunos ejemplos:

• El que prepara, no debe ser el que revisa; el que revisa no debe ser el que aprueba.

• El encargado del maestro de acreedores, no debe tener ningún tipo de responsabilidad con los pagos.

• El que registra las deudas con los acreedores, no debe ser el que realice los pagos.

• El que autoriza los pagos, no debe ejercer ninguna actividad relacionada con las cuentas bancarias.

• El que realiza la obra o el servicio, no debe ser el que apruebe la valuación, el que aprueba la valuación no debe ser el que apruebe modificaciones a los contratos.

• El que realice la orden de compra, no debe ser quien la apruebe; el que aprueba la orden de compra no debe ser quien reciba los materiales y equipos; el que recibe o despacha los materiales y equipos no debe ser quien los registre; el que registra o despacha inventarios, no debe ser el mismo que realiza las conciliaciones de inventario, ni con responsabilidades de custodia.

• El que aprueba una negociación de venta, no debe ser el mismo que despache; el que realiza el despacho de la venta no debe ser quien emita la factura de ventas y su registro; el que emite la factura de ventas no debe ser el mismo que realice la cobranzas; el que cobra no debe ser el mismo que registre la cobranzas; el que registra las cobranzas, no debe ser el que realice las conciliaciones bancarias, ni las conciliaciones de las cuentas por cobrar.

• El custodio de los equipos, no debe ser el mismo que realice los contratos de mantenimiento; el que realice los mantenimientos, no debe ser el mismo que actualice los registros contables ni el que autorice o apruebe los pagos.

Otro factor bien importante, como parte elemental de la estructura organizativa, es que todos los niveles de delegación financiera, administrativa, operacional deben estar bien definidos, detallados y aprobados por el máximo nivel de la organización.

ROLES: Para cada posición que se defina dentro de una estructura organizativa, debe existir un rol que lo complemente.

El rol, es la definición de las actividades y responsabilidades que debe ejecutar el individuo que asuma la posición; el nivel de autoridad al cual estará subordinado; el nivel óptimo respectivo de formación técnica y/o profesional, destrezas, habilidades, conocimiento y experiencia que le son requeridas.

NORMAS: Reglas, mandatos precisos, estrictos y específicos a cumplir. En otras palabras, son lineamientos específicos de cómo a cada departamento, unidad o gerencia se le instruye acometer específicamente las políticas generales y las políticas específicas.

PROCEDIMIENTOS: Instrucciones detalladas para llevar a cabo cada una de las distintas actividades y operaciones de la organización.

A continuación una explicación más detallada de los 6 elementos antes expuestos:

POLÍTICAS

Según el diccionario de la Real Academia Española "RAE", señala, que la política es el arte de gobernar una nación; el arte con el que se maneja un asunto.

Las políticas son las directrices, los lineamientos, las guías generales del qué hacer y cómo dirigir estratégicamente la organización como una unidad integrada.

Las políticas para que sean apropiadas, deben reunir las siguientes características:

• Estar directamente relacionadas con los objetivos y metas del negocio.

• Aunque sean generales o específicas, deben ser aprobadas por el nivel jerárquico de mayor nivel de la organización.

• Ser objetivas, realistas y claras.

• Deben estar expresadas por escrito.

- Deben ser divulgadas hasta el nivel de los responsables de llevarlas a la práctica, porque es la forma como pueden contribuir coherente y económicamente a la uniformidad y coordinación de las actividades.

- Ser flexibles, de tal forma que permitan adaptaciones a nuevas exigencias del entorno.

Ejemplos de políticas en una organización:

- Políticas de presupuesto
- Políticas de inversión
- Políticas de compensación
- Políticas de la calidad
- Políticas de seguridad integral
- Políticas de Financiamiento
- Políticas de Operaciones
- Políticas de Mantenimiento
- Políticas de Recursos Humanos
- Políticas de Ventas
- Políticas de Compras
- Políticas de Crédito y Cobranzas
- Políticas de Pago
- Etcétera.

PLANES

Los planes, son el ordenamiento del conjunto de actividades estratégicas requeridas y de los recursos financieros, materiales y humanos necesarios por una organización, en el corto, mediano y largo plazo para alcanzar en el tiempo sus objetivos y metas trazadas.

Es el qué se quiere hacer y alcanzar, el cómo lograrlo y el punto óptimo deseado de hasta dónde se quiere llegar.

Una planificación exitosa, es aquella donde los recursos de los que se disponen son utilizados de forma efectiva y eficiente. Donde siempre se tiene presente, que primero se piensa y luego se actúa, y esa actuación debe ser oportuna.

Es decir, que para invertir, producir, adquirir, contratar, primero se debe tener visualizada la necesidad (el por qué, para qué, qué, dónde, cuándo, cómo, para quién), el tiempo, los recursos y siempre en línea directa con los objetivos y metas trazadas.

En toda planificación, es bien importante el establecimiento de los medios para llevar el registro, monitoreo, medición y seguimiento de la información que se vaya generando de la ejecución o no de las actividades planificadas, de tal forma de informar oportunamente a los altos niveles jerárquicos y se tomen en esa medida las decisiones de los ajustes a los planes.

Los planes y sus ajustes, deben estar aprobados por el nivel jerárquico de mayor nivel de la organización o por quienes éste haya delegado dichas funciones.

Ejemplos:
- Plan de Inversiones
- Plan de Financiamiento

- Plan de Presupuesto
- Plan de Mantenimiento
- Plan de Operaciones
- Plan de Ventas
- Plan de Proyectos

¿Por qué son vitales los planes dentro de cualquier sistema de control interno que se establezca?

Los planes son un elemento de control imprescindible dentro de todo sistema de control interno, porque para que sean exitosos los beneficios que se esperan obtener de las actividades, procesos, negocios en el que se haya incursionado, los mismos deben haberse establecido previamente a su acción, con especificaciones y definiciones claras atadas a los objetivos y metas que se quieren alcanzar en tiempo, espacio, costos y gastos a incurrir, y lo más importante con los recursos que se requieren para llevarlos a cabo.

ESTRUCTURA ORGANIZATIVA

La estructura organizativa, es la forma organizada como dentro de un ente se delegan los niveles de responsabilidad y autoridad. Toda estructura debe comprender, desde el nivel más alto hasta el nivel más bajo de la organización, todos los integrantes deben ser tomados en cuenta.

Toda estructura organizativa, a grosso modo está compuesta por tres grandes bloques:

- Nivel Alto o Estratégico
- Nivel Mediano o Táctico
- Nivel Inferior u operativo

En otras palabras, gráficamente, podemos asemejar la forma de una apropiada estructura organizativa a la de una pirámide, si la dividimos a nivel horizontal en tres partes iguales, la parte más alta que es la más estrecha de la pirámide, corresponde al nivel estratégico, la parte central al nivel táctico y, la parte inferior al nivel operativo o técnico.

En el nivel estratégico están los que toman las decisiones, corresponden a los niveles más altos y está conformado por pocas posiciones;

En el nivel táctico, están las personas que establecen los métodos, procedimientos, mecanismos de acción para llevar a la práctica los lineamientos emanados por el nivel estratégico, son el enlace entre el nivel más alto y el nivel más bajo.

El nivel operativo o nivel técnico, corresponde a un número importante de posiciones, son los que hacen posible que se materialicen y se lleven a cabo las decisiones.

Toda estructura organizativa que se establezca:

- Para su validez, debe estar aprobada por el nivel de mayor jerarquía de la organización.

- Debe garantizar la transparencia, eficacia y eficiencia de los procesos.

- Debe estar directamente relacionada con las prioridades o necesidades de la organización.

Es importante tener en cuenta, que las estructuras organizativas no son estándar, inclusive a pesar de ser negocios del mismo ramo, porque todo dependerá de los objetivos y metas trazados, de lo simple o complejo que sea el negocio, del tamaño de la empresa, de la tecnología y recursos humanos con los que cuenta y lo más importante, de las decisiones que tomen los de mayor jerarquía.

La forma en que cada empresa desee presentar su estructura organizativa, tampoco es estándar, lo importante es que independientemente de la forma como se presente, el objetivo primordial, es que permita representar y visualizar gráficamente como está compuesta.

Las estructuras organizativas son de dos niveles, generales o macro y micro o específicas.

Las estructuras organizativas a nivel general o macro, son las que permiten tener a groso modo una visión amplia de todo lo que abarca la organización, mientras que a nivel micro o específicas, son las que dan los detalles de cómo está conformada internamente cada una de las distintas divisiones contenidas en la estructura organizativa general, y sin excepción deben incluir todas las posiciones que formalmente la conforman, inclusive con los datos que identifiquen las personas que ocupan las posiciones, en caso contrario, identificarlas como vacantes.

Un aspecto bien importante a considerar al conformar cualquier estructura organizativa, es la segregación de funciones.

La segregación de funciones, está relacionada con disminuir los riesgos que implica que una persona en el transcurso normal de sus actividades esté en condiciones de incurrir en errores voluntarios o no, así como de cometer fraudes y no sean detectados oportunamente. Por lo tanto, se deben segregar las funciones de preparación, revisión, autorización, ejecución, inspecciones, registro, custodia, conciliaciones y auditorías entre otras.

Si distintas personas tratan las diferentes partes de una transacción, la única forma en que ocurra un error o un fraude y no ser detectado, es porque hubo una colusión.

Según Wikipedia, define la colusión como el pacto que acuerdan dos o más personas u organizaciones con el fin de perjudicar a un tercero.

Las estructuras organizativas son muy diversas, inclusive para empresas u organizaciones afines, todas ellas dependerán del nivel de necesidades de delegación operacional, financiera, administrativa que requieran o se deseen.

Lo importante es que todas ellas contemplen los tres niveles antes mencionados, nivel estratégico, nivel táctico y nivel operativo o técnico. Teniendo siempre presente en no redundar en las posiciones, porque traerá como consecuencia desperdicios de costos de personal y de tiempo, e inclusive y más grave aún, hasta problemas de control interno, porque esa redundancia en muchas ocasiones hace que los controles que se establezcan pierdan su efectividad y eficiencia.

ROLES

Es un término que proviene del inglés role, que a su vez deriva del francés rôle. El concepto está vinculado a la función o papel que cumple alguien o algo.

A nivel estructural, son las expectativas de actitudes y aptitudes del individuo en la ejecución de las tareas y responsabilidades asociadas a una posición específica de una estructura organizativa.

Los roles son de carácter normativo y no optativo.

De manera tangible dentro de las organizaciones, los roles se pueden visualizar, en documentos, por lo general se les conoce como descripciones de puesto o descripciones de cargo o con denominaciones similares, que permiten hacer alusión de que se corresponden a roles.

Un adecuado documento de "Descripción del Puesto", debe reunir por lo menos las siguientes características:

• Contenga información objetiva que identifique específicamente la tarea por cumplir y la responsabilidad que implica el puesto. Un bosquejo de la relación entre el puesto y otros puestos en la organización, los requisitos para cumplir el trabajo, su frecuencia y ámbito de ejecución.

• Describir la naturaleza del trabajo, no lo que esté realizando el individuo que lo esté desempeñando.

• Detalles y niveles de las competencias, experiencia y conocimientos específicos requeridos reales y potenciales sobre el individuo que ocupará el puesto.

• El nivel de autoridad a quien le reporta y los niveles bajo su línea de supervisión en los casos que aplique.

• La fecha de preparación, revisión y la de aprobación.

• Identificación y firma de los niveles de autoridad que revisaron y los que aprobaron el documento, de lo contrario no tienen validez legal.

• Lo que es bien importante en la definición de roles y su formalización a través de los documentos de "Descripción del Puesto", es que cada individuo que pertenece a una organización debe estar al conocimiento de los deberes, obligaciones y responsabilidades a las que está sujeto en el ejercicio del puesto que desempeña.

FUENTE: http://www.rrhh-web.com/analisisdepuesto4.html

NORMAS

Las normas son lineamientos, reglas, mandatos para poder dar cumplimiento a las políticas generales o específicas.

Son medidas de trabajo fijadas con autoridad y consentimiento profesional.

Para que las normas sean apropiadas, deben reunir las siguientes características:

• Ser estrictas, porque son las leyes internas que imperarán dentro de la organización. Al establecerlas, deben considerar dentro de ellas y cuando aplique, la legislación externa que regula lo que se está normando, ya que deben estar en línea con ellas en lo que aplique, porque no están exentas de su cumplimiento.

• Ser precisas y específicas, porque deben ser particulares y no generales.

• Su objetivo debe ir dirigido directamente a tareas, actividades y conductas del personal de la organización.

• Estar aprobadas por los niveles jerárquicos de mayor nivel de la organización, o en quien ellos hayan delegado esa responsabilidad.

PROCEDIMIENTOS

Un procedimiento es la descripción detallada de un conjunto de actividades, instrucciones, operaciones, acciones que se requieren seguir y efectuar siempre de la misma forma para tratar un asunto en particular dentro de un ente u organización.

Es una necesidad dentro de cualquier organización que los procedimientos estén por escrito, porque además de permitir la estandarización y sistematización de los procesos de actividades que se realizan de forma repetitiva y continua, originan ahorros de esfuerzos, tiempo y costos en su ejecución y minimizan los márgenes de errores que implicarían la diversidad de criterios personales para acometer una misma actividad.

Deben ser flexibles en cuanto a aceptar cambios provenientes del mejoramiento continuo.

¿CÓMO EVALUAR LA ESTRUCTURA DE CONTROL?

En las siguientes páginas, se expone una guía sugerida para la evaluación de la Estructura de Control, que puede ser aplicada a la mayoría de las organizaciones, porque es independiente de los objetivos particulares de cada una de ellas.

Es un cuestionario que debe completarse por cada revisión de auditoría que se realice:

Fase 1: Mediante la recolección de información física o electrónica, que al inicio de cada auditoría debe solicitarse directamente al auditado y a través de pruebas de indagación (preguntas directas a través de entrevistas, cuestionarios) y pruebas de observación (cuando las personas ejecutan sus labores, sin que se sienten observados, para ello la discreción es fundamental por parte del auditor).

Fase 2: Durante el transcurso de la auditoría mediante la realización de las diferentes pruebas de auditoría, dentro de ellas, deben estar las comentadas para la Fase 1, recolección de información y pruebas de indagación y observación.

CUESTIONARIO PARA LA EVALUACIÓN DE LA ESTRUCTURA DE CONTROL:

PARTE 1
POLÍTICAS

1.1 ¿Cuenta la organización con políticas o lineamientos?

1.2 ¿Cuenta la organización con objetivos definidos?

1.3 ¿Los objetivos definidos están alineados con lo establecido en el documento constitutivo de la organización?

1.4 ¿Los objetivos específicos están alineados con los objetivos generales de la organización?

1.5 ¿Las políticas o lineamientos generales están alineados con los objetivos generales de la organización?

1.6 ¿Las políticas específicas están alineadas a las políticas generales de la organización?

1.7 ¿Existe clara comprensión de los objetivos de la organización en cuanto a su factibilidad y sensatez?

1.8 ¿Las políticas son del conocimiento del personal?

1.9 ¿Existen adecuados procedimientos para la divulgación de las políticas de la organización?

1.10 ¿Las políticas son aprobadas por los que tienen el máximo nivel de dirección dentro de la organización?

1.11 ¿Son las políticas positivas, claves y comprendidas?

PARTE 2
PLANES

2.1. ¿Cuenta la organización con planes?

2.1.1 ¿Los planes han sido aprobados por el máximo nivel de dirección dentro de la organización?

2.1.2 ¿Se ha destinado el tiempo suficiente para realizar las planeaciones?

2.1.3 ¿Se han establecido claramente los responsables de realizar las planeaciones?

2.1.4 ¿Los planes generales se ajustan a los objetivos generales de la organización?

2.1.5 ¿Los planes específicos se ajustan a los objetivos específicos de la organización?

2.1.6 ¿Los objetivos y planes de la organización están en armonía con la estructura organizativa que se posee?

2.1.7 ¿Los planes están asociados con metas?

De ser positiva la respuesta a la pregunta 2.1.7:

2.1.7.1 ¿Se han efectuado las previsiones para que las metas a corto, mediano y/o largo plazo, se ajusten a la capacidad financiera, operacional, administrativa de la empresa o viceversa?

2.1.7.2 ¿Las metas de la organización están alineadas con sus políticas?

2.1.8 ¿Se han establecido claramente los responsables de realizar los seguimientos a las planeaciones?

2.1.9 ¿Los procesos contemplan mecanismos para la medición del cumplimiento de los planes?

2.1.10 ¿Los procesos contemplan mecanismos para el seguimiento de los planes y sus ajustes en el tiempo?

2.1.11 ¿Los niveles de cumplimiento de los planes se informan oportunamente a los niveles de dirección?

2.2 ¿Los proyectos, inversiones, gastos, producción, contrataciones de personal y operaciones en general que se realizan dentro de la organización se hacen como parte de un plan concebido a corto, mediano y/o largo plazo?

PARTE 3
ESTRUCTURA ORGANIZATIVA

3.1 ¿Existen estructuras organizativas formalmente aprobadas por el máximo nivel jerárquico de la organización?

(adaptar esta pregunta al tamaño de cada organización a ser auditada)

3.1.1 Las estructuras organizativas existentes, permiten una clara definición de responsabilidades para:

- ¿Presidente?
- ¿Junta Directiva?
- ¿Directores?
- ¿Comité de Auditoría?
- ¿Gerencias Departamentales?
- ¿Gerencias de División?
- ¿Gerencias Regionales?
- ¿Gerencias de Filiales?
- ¿Gerencias de Subsidiarias?

3.2 ¿Las estructuras organizativas existentes permiten una adecuada segregación de funciones? Es decir:

¿La segregación de responsabilidades contempla que no exista para una misma posición, responsabilidades que sean incompatibles, que impida la transparencia de los procesos, al permitir que una misma persona realice otro proceso donde pudiera ocultar errores involuntarios o voluntarios, o incurrir en fraudes y no permitir que sean detectados oportunamente?

A continuación algunos ejemplos:

¿El que prepara, es el mismo que revisa? (El que prepara, no debe ser el mismo que revisa).

¿El que revisa es el mismo que aprueba? (El que revisa no debe ser el mismo que aprueba).

¿El que paga es el mismo que registra la obligación? (El que paga no debe ser el mismo que registra la obligación).

¿El que tiene la necesidad del inventario, es el mismo que realiza los procesos de compra? (El que tiene la necesidad del inventario, no debe ser el mismo que realice los procesos de compra).

¿El que emite la orden de compra, es el mismo que reciba la mercancía? (El que emite la orden de compra, no debe ser el mismo que reciba la mercancía).

¿El que recibe la mercancía, es el mismo que registra el inventario? (El que recibe la mercancía, no debe ser el mismo que registra el inventario).

¿El que registra el inventario es el mismo que lo despacha? (El que registra el inventario, no debe ser el mismo que lo despacha).

¿El custodio del inventario, tiene bajo su responsabilidad procesos de registro de entradas, salidas y ajustes al inventario?. (El custodio del inventario, no debe tener bajo su responsabilidad ningún proceso de registro).

¿El encargado de las tablas maestras en los sistemas, tiene responsabilidades de procesar las transacciones para las cuales se crearon esos maestros? (El encargado de las tablas maestras en los sistemas, no debe tener responsabilidades de procesar las transacciones para las cuales se crearon esos maestros).

¿El encargado del maestro de acreedores, tiene algún tipo de responsabilidad de registro relacionado con los pagos? (El encargado del maestro de acreedores, no debe tener ningún tipo de responsabilidad de registro relacionado con los pagos).

¿El encargado de actualizar el maestro de las tablas de calibración de tanques, tiene responsabilidades asociadas a registros, conciliaciones, emisión de documentaciones relacionadas con la determinación y facturación de volúmenes?

En resumen, aquellas personas que tienen bajo su responsabilidad tablas maestras, no deben tener ningún tipo de relación ni directa ni indirecta, con las transacciones que se procesan al respecto. (El encargado de actualizar el maestro de las tablas de calibración de tanques, no debe tener responsabilidades de ningún tipo asociados a registros, ni de conciliaciones, ni de emisión de documentaciones relacionadas con la determinación y facturación de volúmenes).

¿El encargado del maestro de clientes, tiene responsabilidades de registros de ventas y/o de cobranzas? (El encargado del maestro de clientes, no debe tener responsabilidades de registros de ventas, ni de cobranzas).

¿El encargado del maestro de nómina, tiene algún tipo de responsabilidad de procesar pagos de gananciales de

nómina a trabajadores? (El encargado del maestro de nómina, no debería tener ningún tipo de responsabilidad de procesar ningún tipo de pago a trabajadores).

¿El Director de Auditoría tiene algún nexo familiar con el presidente de la empresa, o de su junta directiva? (El Director de Auditoría no debería tener ningún nexo familiar con el presidente de la empresa, ni su junta directiva).

¿Se tiene previsión que los auditores no tengan nexo alguno, con el personal de los procesos que audita? (Ningún auditor debe tener nexo alguno, con el personal de los procesos que audita).

¿El Gerente de un proyecto, tiene responsabilidades de compra? (El Gerente de un proyecto, no debe tener responsabilidades de compra).

¿El que prepara la valuación de avances de obra, es el mismo que ha aprobado el contrato? (El que prepara la valuación de avances de obra, no debe ser el mismo que haya aprobado el contrato).

¿El que aprueba cambios de alcance, o de precios en los contratos, aprueba y/o registra las valuaciones? (El que aprueba cambios de alcance, o de precios en los contratos, no debería aprobar, ni registrar ninguna transacción relacionada con las valuaciones).

¿El que realiza las cobranzas, es el mismo que las registra? (El que realiza las cobranzas, no debe ser el mismo que las registra).

¿El que registra las cobranzas, es el mismo que realiza las conciliaciones de cuentas por cobrar y el respectivo envío de estados de cuenta a los clientes? (El que registra las cobranzas, no debe ser el mismo que realice las conciliaciones de cuentas por cobrar y el respectivo envío de estados de cuenta a los clientes).

¿El que registra las deudas con los acreedores, es el mismo que realice los pagos? (El que registra las deudas con los acreedores, no debe ser el que realice los pagos).

¿El que autoriza los pagos, ejerce alguna actividad relacionada con las cuentas bancarias? Ejemplos: actualización de firmas autorizadas en los bancos, conciliaciones bancarias, registros de débitos o créditos en las cuentas bancarias. (El que autoriza los pagos, no debe ejercer ninguna actividad relacionada con las cuentas bancarias).

¿El que realiza la obra o el servicio, es el mismo que aprueba la valuación, y el que aprueba la valuación es el mismo que apruebe las modificaciones a los contratos? (El que realiza la obra o el servicio, no debe ser el que apruebe la valuación, y el que aprueba la valuación no debe ser el mismo que apruebe modificaciones a los contratos).

¿El que realiza la orden de compra, es el mismo que la aprueba?

¿El que aprueba la orden de compra es el mismo que recibe los materiales y equipos?

¿El que recibe o despacha los materiales y equipos es el mismo que los registra?

¿El que registra o despacha inventarios, es el mismo que realiza las conciliaciones de inventario, y tiene también responsabilidades de custodia?

(El que realice la orden de compra, no debe ser quien la apruebe; el que aprueba la orden de compra no debe ser quien reciba los materiales y equipos; el que recibe o despacha los materiales y equipos no debe ser quien los registre; el que registra o despacha inventarios, no debe ser el mismo que realiza las conciliaciones de inventario, ni con responsabilidades de custodia).

¿El que aprueba las negociaciones de venta, es el mismo que despacha?

¿El que realiza el despacho de la venta es el mismo que emite la factura de ventas y su registro?

¿El que emite la factura de ventas es el mismo que realiza las cobranzas?

¿El que cobra es el mismo que registra las cobranzas?

¿El que registra las cobranzas, es el mismo que realiza las conciliaciones bancarias y/o las conciliaciones de las cuentas por cobrar?

¿El que realiza las conciliaciones bancarias, es el mismo que realiza las conciliaciones de las cuentas por cobrar?

(El que aprueba una negociación de venta, no debe ser el mismo que despache; el que realiza el despacho de la venta no debe ser quien emita la factura de ventas y su registro; el que emite la factura de ventas no debe ser el mismo que realice la cobranzas; el que cobra no debe ser el mismo que registre la cobranzas; el que registra las cobranzas, no debe ser el que realice las conciliaciones bancarias, ni las conciliaciones de las cuentas por cobrar. El que realice las conciliaciones de las cuentas bancarias no debe ser el mismo que realice las conciliaciones de las cuentas por cobrar).

¿El custodio de los equipos, es el mismo que realiza los procesos de contratación para los mantenimientos? (El custodio de los equipos, no debe ser el mismo que realice los contratos de mantenimiento).

¿El que realiza los mantenimientos, es el mismo que actualiza los registros contables y el que autoriza y aprueba los pagos?

(El que realice los mantenimientos, no debe ser el mismo que actualice los registros contables ni el que autorice o apruebe los pagos. Estas tres funciones deben estar ser segregadas).

3.3 ¿Se puede concluir que la estructura organizativa ha tomado apropiadamente en cuenta la compatibilidad en la segregación de las responsabilidades y la autoridad, de tal forma que permita la transparencia en los procesos y la detección oportuna de errores en los registros y fraudes que perjudiquen a la organización en el logro de sus objetivos y metas? *(Una estructura organizativa adecuada es aquella que toma en cuenta la compatibilidad en la segregación de las responsabilidades y la autoridad, de tal forma que permita la transparencia en los procesos).*

3.4 ¿Los niveles de delegación financiera y administrativa están bien definidos, detallados y por escrito?

(Los niveles de delegación financiera y administrativa deben estar bien definidos, detallados y por escrito).

¿Los niveles de delegación financiera y administrativa están por escrito y aprobados por el máximo nivel de la organización? *(Los niveles de delegación financiera y administrativa deben estar aprobados y por escrito, por el máximo nivel de la organización).*

3.5 ¿Se ha tenido el cuidado que el nivel de autoridad otorgado está acorde con la posición que desempeña el trabajador y el sueldo o beneficios salariales que devenga? (Debe existir una armonía entre el puesto que desempeña el trabajador, el nivel de autoridad que le ha sido delegada y la remuneración que recibe al respecto, como una forma de prevenir la ocurrencia de fraudes por parte del trabajador).

PARTE 4
ROLES

4.1 ¿Están definidas claramente las responsabilidades del personal?

4.2 ¿Están documentadas y aprobadas por los altos niveles jerárquicos las distintas funciones existentes dentro de la estructura organizativa?

4.3 ¿Los documentos que sustentan los roles de las distintas posiciones tienen información que permita evidenciar quienes los prepararon, revisaron, aprobaron y sus fechas de actualización?

4.4 ¿Los roles que están por escrito se corresponden con los roles que ejecutan quienes ocupan las posiciones para los cuales fueron diseñados y aprobados?

PARTE 5
NORMAS

5.1 ¿Existen normas Internas por escrito?

5.2 ¿Las normas existentes están aprobadas?

5.3 ¿Las normas por escrito indican cuándo y quienes las prepararon, revisaron y aprobaron?

5.4 ¿Las normas por escrito son del conocimiento del personal?

5.5 ¿Se valida y se hace seguimiento al cumplimiento de las normas aprobadas?

5.6 ¿Las normas internas garantizan que los archivos y documentos tanto físicos como electrónicos se mantengan por los lapsos de tiempo que legalmente se exigen para los deberes, derechos y obligaciones legales de los eventos que representan o sustentan?

5.7 ¿Cada vez que se elabora o actualiza una norma interna, se toma en cuenta la legislación externa que regula la respectiva actividad?

PARTE 6
PROCEDIMIENTOS

6.1 ¿Las actividades que se realizan están respaldadas por procedimientos por escrito?

6.2 ¿Los procedimientos por escrito están aprobados por las personas que tienen el nivel de autoridad para ello?

6.3 ¿El nivel de autoridad de quienes aprueban los procedimientos es el más adecuado?

6.4 ¿Participa el personal que ejecuta los procesos en la elaboración y actualización de los procedimientos por escrito?

6.5 ¿Se han establecido métodos para divulgar los procedimientos?

6.6 ¿Los procedimientos por escrito son de fácil acceso para quienes tienen la responsabilidad de ejecutarlos?

6.7 ¿Los procedimientos por escrito coinciden con lo que en la actualidad se ejecuta o realiza?

FIN DEL CUESTIONARIO

ACTIVIDADES DE CONTROL

Según las mejores prácticas profesionales, las "Actividades de Control", conforman el tercer pilar fundamental dentro del Sistema de Control Interno.

Las actividades de control, son los procesos diversos de verificaciones, validaciones, revisiones, evaluaciones, aprobaciones, custodia, que en el ejercicio de sus funciones los distintos integrantes de una organización o ente, deben realizar de acuerdo con el nivel de responsabilidad que les haya sido delegado.

Si vemos las actividades de control de forma abstracta, es decir, tal cual como se describen arriba, y se buscan las definiciones de cada uno de los elementos que la conforman, sencillamente, no es práctico ni fácil comprender en que realmente radican o consisten, porque al verlos, cualquiera se pregunta, ¿pero qué es lo que hay que verificar, validar, revisar, evaluar, aprobar, custodiar?

La respuesta a la pregunta del párrafo anterior, la visualizamos a grosso modo en el siguiente resumen, sin embargo, para poderlo comprender y verle el sentido práctico es necesario, leer en detalle el desarrollo completo de este sub-capítulo:'

¿Cuáles son los procesos vitales que deben estar presentes dentro de cualquier proceso financiero, operacional y administrativo?

Respuesta: las mejores prácticas profesionales coinciden que dentro de cualquier organización, independientemente de su objeto y de sus objetivos, es vital que existan los siguientes tipos de controles:

1. Controles de población
2. Controles de exactitud
3. Controles de autorización
4. Controles de custodia
5. Controles de existencia física
6. Controles de conciliación
7. Controles para la protección de equipos y registros

OPORTUNIDADES DEL CONTROL

Los 7 controles que se mencionaron en el párrafo anterior, de acuerdo con la oportunidad en que se realizan dentro de los procesos, serán de tres tipos:

CONTROLES PREVENTIVOS

Los controles preventivos, son procesos de control interno, aplicados antes de la subsiguiente etapa de procesamiento. Se aplican mientras ocurre la actividad que está siendo controlada.

CONTROLES DETECTIVOS

Los controles detectivos, son procesos de control interno, aplicados en o después de la subsiguiente etapa de procesamiento.

CONTROLES CORRECTIVOS

Los controles correctivos, no están por escrito ni establecidos de ninguna forma dentro de los procesos, se activan solamente mediante acciones puntuales, que se toman y aplican cuando se detecta muy a posteriori que ocurrieron errores o fraudes en los procesos, que no pudieron ser ni prevenidos ni detectados por ineficacia, ineficiencia y/o inexistencia de los controles preventivos y detectivos y que tienen como resultado cambios o mejoras en los controles preventivos y detectivos.

Dentro de los procesos de control en cualquier organización o empresa, producto de la incertidumbre que implican los mismos controles internos implantados, se deben ejercer acciones de revisiones periódicas o eventuales sobre los mismos, es decir, sobre los controles internos establecidos, y es aquí donde entran en acción y se justifican que dentro de la estructura organizativa se contemple tener Departamentos, Gerencias o Direcciones de Auditoría Interna o en su defecto otros órganos de control interno, que dependiendo de la oportunidad como realicen esas revisiones de los controles internos, entran en cualquiera de las tres clasificaciones antes mencionadas, es decir o preventivo o detectivo o correctivo.

A continuación, vamos a definir y analizar con detenimiento, cada uno de los 7 controles vitales que deben existir dentro de todo proceso de control:

CONTROLES DE POBLACIÓN

El control de población, es el control que debe diseñarse en primer lugar dentro de cualquier proceso financiero, administrativo u operacional, porque es el único control que le permitirá a la organización asegurarse de la cantidad verdadera de partidas que dentro de sus registros se capturen, procesen, almacenen y se distribuyan para un momento o un período determinado.

Es decir, donde no existan ni más, ni menos partidas de las que deben haber, porque de ocurrir así, pueden generarse errores en los registros respectivos como consecuencia de la pérdida o adición de partidas que no se corresponden con los eventos financieros, administrativos u operacionales que se están mostrando.

Lo descrito en los párrafos anteriores, es a lo que se le conoce como controles de Población.

Los controles de población, se pueden identificar fácilmente, porque están relacionados directamente con un número, o una nomenclatura alfa-numérica, donde su propia estructura, hace que a simple vista se pueda deducir, que se corresponde con un número de identificación, que va a ser contado de alguna forma para un fin específico.

OBJETIVO DEL CONTROL DE POBLACIÓN

Su único objetivo es asegurar la precisión de la cantidad de partidas que deben existir dentro de los registros.

ELEMENTOS QUE IDENTIFICAN QUE EXISTE UN CONTROL DE POBLACIÓN

Asignación de numeraciones para las transacciones y los documentos que los respaldan, siempre y cuando ese número cumpla al menos con las siguientes características:

- Entre un documento/transacción y del que le precede y del que le sigue, debe existir una **secuencia lógica** del número o nomenclatura lógica que los identifica.

- Existencia de reportes que indiquen **la utilización** de la secuencia numérica generada para un período determinado.

- Estar previamente establecida **la frecuencia** con la cual se hará la emisión de reportes que indiquen la utilización de la secuencia numérica generada para un período determinado.

- Establecer procesos que requieran la intervención de personas que realicen manualmente el **monitoreo** y **seguimiento** a esa secuencia numérica.

- **Documentar** y **conservar** los registros de monitoreo y seguimiento de la secuencia numérica de los números utilizados, los anulados, los faltantes, y los aún sin utilizar.

Lo de los números aún sin utilizar, sólo aplican, para documentos en físico, porque si los genera automáticamente un computador, no se puede controlar lo que aún no existe.

- **Conservar el juego completo** de los ejemplares que sean anulados, siempre y cuando como se dijo anteriormente, si los ejemplares están en físico. A nivel del computador, se debe dejar información de la causa que originó la anulación de un documento.

- **Custodiar** los documentos pre-impresos no utilizados, es decir debe existir un individuo con la responsabilidad de su custodia física.

- Los documentos pre-impresos no utilizados, deben ser de **acceso restringido** para aquellos que no tienen bajo su responsabilidad la custodia de los mismos.

• Conservar los archivos de **seguimiento a las secuencias numéricas**, por el mismo tiempo de conservación establecido, para los respectivos documentos que controlan.

IMPORTANCIA DEL CONTROL DE POBLACIÓN

El control de población, es el primer control que debe establecerse y que debe existir "sine qua non" dentro de cualquier actividad de control; sin él, no hay garantía alguna de la veracidad en los procesos.

Si se parte mal, y no hay forma de controlar la veracidad de la cantidad de lo que entra, se procesa, se almacena y sale, cualquier cosa mala puede pasar en los procesos y será bien difícil ser identificado y/o detectado oportunamente o tal vez nunca.

ESTRUCTURA DE LAS NUMERACIONES QUE SE ESTABLEZCAN COMO CONTROL DE POBLACIÓN

Las numeraciones que se establezcan para controles de población, deben tener una estructura lógica, que permita fácilmente asociarlas e identificarlas con la población que se quiere controlar.

En la medida que una organización, se va haciendo más grande y compleja, en esa misma medida, habrá una diversidad y cantidad de tipos de poblaciones sobre las cuales se requerirán tener registros de monitoreo y seguimiento.

Lo que sí es importante, es que cada nomenclatura, estructura lógica que se establezca para llevar una secuencia numérica de algún proceso, debe ser única. Es decir, una vez utilizada para un fin específico, se debe tener el cuidado de no usarse de igual forma para otro proceso o documentos que por su similitud tiendan a confusión, errores en los registros e incluso facilitar los fraudes.

Las estructuras lógicas para control de población, pueden ser estrictamente numéricas o alfa-numéricas.

Hay que tener presente, el universo de transacciones que se tendrían para la secuencia numérica que se esté diseñando, porque hay que recordar que las letras del alfabeto son finitas, pero las numéricas son infinitas, aunado a ellos, se debe considerar, que cada día, la mayoría de las transacciones son procesadas a través de sistemas automatizados, donde la estructura lógica dentro de ellos, establecen al momento de su creación, la definición y asignación de la cantidad de espacio lógico que se dejará para cada campo, razón por la cual la cantidad de caracteres por cada campo cobra vital importancia.

Por lo tanto, aun cuando se esté iniciando un negocio, se debe tener la visión hasta que número en el tiempo llegará esa secuencia numérica.

En línea con lo antes expuesto, aunque la factura sea la primera, es decir la número 1 (uno), se llenará con tantos ceros a su izquierda, como caracteres se hayan definido para el campo de numeración.

Ejemplos de transacciones dentro de una organización, que requieren "sine qua non", tener controles de población:

- Cuentas contables
- Asientos contables
- Cuentas Presupuestarias
- Filiales
- Sucursales
- Agencias
- Departamentos
- Gerencias
- Almacenes
- Notas de entrega o Despachos
- Facturas
- Actas
- Instalaciones
- Ordenes internas
- Ordenes de trabajo
- Órdenes de compra
- Permisos de trabajo
- Contratos
- Recibos de pago
- Cheques
- Trabajadores
- Contratistas
- Proveedores
- Clientes

- Bonos quirografarios
- Acciones
- Propiedades
- Equipos, materiales y partes.
- Cuentas bancarias
- Equipos
- Materiales
- Inmuebles

EJEMPLO PRÁCTICO

Se requiere establecer control numérico para los Inmuebles de una empresa.

Supongamos que una empresa tiene una oficina principal ubicada en Caracas y cinco sucursales, donde tres de ellas están ubicadas en tres ciudades distintas del interior del país (Maracay, Valencia, Barquisimeto) y las otras dos en la ciudad sede de la oficina principal.

Además tiene los siguientes diferentes tipos de inmuebles: Edificios, casas, galpones, fábrica.

La empresa tiene:

• Tres edificios, uno para la oficina sede, los otros dos, para las oficinas en Maracay y Caracas Suc 2.

• Dos casas, una para la oficina de Valencia y otra para la oficina Caracas Suc 1.

• Una Fábrica, la cual corresponde a la Agencia Valencia.

• Tres galpones, y todos están en Valencia.

¿Cómo construiría usted una estructura lógica para identificar fácilmente los inmuebles y llevar el control sobre los mismos?

Solución sugerida:

Se diseñará una estructura alfanumérica para los inmuebles, consistirá en 8 campos, el 1er digito para el inmueble propiamente dicho, los tres dígitos siguientes para identificar la localidad a la cual pertenecen y los últimos 4 dígitos para identificar la posición de ese inmueble dentro de su rubro y localidad.

Lo importante, en la conformación de cualquier control numérico, es que la nomenclatura numérica que se quiera implantar, tenga un significado dentro del proceso, es decir que su estructura tenga lógica al leerse, listarse e interpretarse.

Esta es una posible solución, hay otras dependiendo de los intereses, necesidades de información que se requiera tener sobre ese número.

Código para identificar las oficinas:

001 Sede Principal
002 Sucursal Maracay
003 Sucursal Valencia
004 Sucursal 1 – Caracas
005 Sucursal 2 – Caracas

Código para tipo de Inmueble

A –Edificio
B –Casa
C –Galpón
D –Fábrica

Para cada tipo de inmueble tener una secuencia numérica de 8 dígitos, donde el primer dígito identifique el Tipo de Inmueble, los 3 siguientes dígitos el número de oficina y los 4 siguientes dígitos la secuencia numérica dentro del tipo de Inmueble.

La codificación de los inmuebles quedaría así:

Código A0010001: Edificio Ofic Sede, dirección Calle Las Palmas # 5, Urb. Las Palmas, Caracas.

Código A0020001: Edificio Oficina en Maracay. Calle Girardot cruce con Av. Bolívar, # 25. Edificio Buenaventura.

Código A0050001: Edificio Oficina Caracas Suc 2. Avenida 1 con Calle 13, Altamira, Edificio La Esperanza, Dtto. Sucre Estado Miranda

Código B0030001: Casa Oficina Valencia. Av. Bolívar entre calles 1 y 2, # 15. Valencia Estado Carabobo.

Código B0040001: Casa Oficina Caracas Suc 1. Avenida Francisco de Miranda c/c Av. principal del Bosque, # 18, Chacaíto, Dtto. Sucre, Edo. Miranda.

Código C0030001: Galpón 1 Suc Valencia. Zona Industrial Los Campitos # 28

Código C0030002: Galpón 2 Suc Valencia, Zona Industrial San Diego # 408

Código C0030003: Galpón 3 Suc Valencia, Zona Industrial Mariara # 320

Código D0030001: Fábrica Suc Valencia, Zona Industria San Diego # 408

LOS CONTROLES DE POBLACIÓN LOS PODEMOS VISUALIZAR EN FORMA FÍSICA O ELECTRÓNICA:

- **En formatos físicos:**

    - Talonarios con numeración pre-impresa, que dentro de su cuerpo hacen alusión que corresponden a una secuencia numérica o alfanumérica, con relación a los otros ejemplares del mismo talonario.

    - Cuadernos en físico o en electrónico, donde se va llevando manualmente un registro de transacciones a las cuales se les va asignando un número que es consecutivo a la transacción que le precede, sin embargo, al igual que con los talonarios, solo se convierten en control, cuando se realiza una actividad de monitoreo y seguimiento de su secuencia numérica y quedan registros al respecto.

- **En formatos electrónicos:**

    Es un computador quien dentro de su programación, contempla que cada vez que se realice una transacción, le genere y asigne automáticamente un número, con una nomenclatura que es consecutiva del número que le precede y con esa numeración queda registrada la transacción para la cual el sistema generó el número.

    En este caso pueden existir tres casos relacionados con la numeración que genera el sistema automatizado.

    • El documento donde se hace la impresión del documento que genera el sistema automatizado, contiene información pre-impresa contentiva a su vez de otro número, que hace alusión que corresponde a una secuencia numérica. • Toda la información a imprimir se hace en un documento completamente en blanco, sin ninguna información pre-impresa.

• El computador genera el número de la transacción y manualmente se coloca en manuscrito dentro del documento que sustenta la transacción que se generó en el sistema automatizado. Ejemplo, las facturas de los proveedores, el sistema genera un número con el cual quedó registrada la obligación por la cuenta por pagar y el número que genera, el Analista de Cuentas por Pagar, la coloca en manuscrito sobre la factura.

En todos los tres casos anteriores, para que el número que genera el computador, se corresponda a un control de población, debe contener los elementos que identifican que existe un control de población y que fueron explicados al inicio de este subcapítulo

CONTROLES DE EXACTITUD

Los controles de exactitud, son los procesos de revisión y validación que se realizan para asegurar que las partidas de información capturadas como población, fueron procesadas exactamente igual al contenido de los documentos que en físico los respaldan, es decir que no posean ningún error matemático, ni transcripción inexacta de datos.

Recordemos, que en el subcapítulo anterior, vimos cómo se generó el número con el cual se registra la transacción, en este subcapítulo estaremos analizando, todo aquello que tiene que ver con el cuerpo interno de cada transacción una vez que ha sido capturada. En otras palabras, los detalles propios de cada transacción.

Aquí también es importante tener en cuenta, si la información va a ser transcrita toda de forma manual o existe alguna parte de ella que requiere ser tomada de algunos registros maestros que ya existen dentro de la organización.

Por ejemplo si se está procesando una nueva venta, el código del cliente, el código del almacén de despacho, el código del producto, el precio del producto, el código del destino, el código del transportista, entre otros, ya están en otras bases de datos, que se conocen como "Archivos Maestros", por lo tanto solo requiere tomarse esa información de esas bases de datos maestras, y en segundo lugar completar para la venta específica los elementos que son muy propios de la venta, como pueden ser fecha de aprobación de la venta, productos a ser despachados, cantidad, fecha requerida para el despacho.

En la actualidad, la mayoría de las organizaciones con el fin de facilitar y ahorrar tiempo en los procesos, minimizar al máximo el margen de errores, tienen una gran variedad de bases de datos, de información pre-definida, lo cual permite al trabajador o miembro de esa organización, seleccionarlas. A esas bases de datos se les conoce "Data Maestra" y a nivel de informática, se encuentran en los "Archivos Maestros".

El margen de error disminuye cuando esos procesos de selección de data maestra, son automatizados, porque solo es necesario en la creación de cada transacción, abrir ventanas o pestañas e ir seleccionando en la medida que se va ubicando el cursor en ciertos campos del nuevo documento, sin necesidad de transcribirla.

Por otra parte, si existen nuevos elementos que si requieren obligatoriamente la transcripción de datos, porque son muy propios de la nueva transacción, a nivel de informática, es a lo que se le conoce como data de archivos de transacciones o transaccionales. Porque ellos serán únicos en el tiempo, aunque hayan otros que tengan mucha similitud, siempre serán diferentes. Porque por ley de la Física, relativa a la impenetrabilidad y las propiedades de exclusión, ningún elemento puede ocupar al mismo tiempo el espacio de otro.

El margen de error en la exactitud de la información registrada para cada nueva transacción siempre existirá, por la existencia del factor humano dentro de los procesos de su creación, tanto en la transcripción de la información de la nueva transacción, como en la selección de datos ya pre-establecidos en Archivos Maestros.

A nivel de pruebas de auditoría, adicional a las revisiones que se efectúen sobre la Data de Transacciones, se deben hacer pruebas que permitan validar la exactitud de la data que se está tomando de Archivos Maestros. Es decir, se deben hacer pruebas de revisión sobre el ingreso y modificación de datos en esos Archivos Maestros.

Tomaremos como ejemplo, algunos de los diferentes tipos de población que mencionamos en el subcapítulo anterior, a fin de demostrar en los siguientes ejemplos cual es el tipo de data que conforma el cuerpo de cada nueva transacción.

A continuación muestro en primer plano, ejemplos de tipos de población que nos encontramos, en segundo plano cuál sería su data fija (archivos maestros) y, en tercer plano la data del archivo de transacciones:

1. Cuentas Contables

1.1 Número de la Entidad, región, gerencia, sub-gerencia, departamento, área, bloque, agencia, sucursales, departamento, fecha de la transacción.

1.2 Nombre de la cuenta, naturaleza de la cuenta.

Lo que he descrito arriba con el número 1, sería el tipo de población, como el número 1.1, sería la Data del Archivo

Maestro, y con el número 1.2, lo correspondiente a Data de Archivo de Transacciones.

Ahora procederé a mostrar otros tipos de poblaciones y sus respectivas datas de Archivo Maestro y de Archivo de Transacciones, utilizaré la misma metodología numérica antes expuesta:

2. **Asientos contables**

    2.1 Números de las cuentas contables.

    2.2 Fecha de la transacción, monto, cantidad, modelo, serial, etcétera.

3. **Cuentas Presupuestarias**

    3.1 Entidad, región, gerencia, sub-gerencia, departamento, área, proyecto, sub-proyecto, tipo (inversión, costo o gasto).

    3.2 fecha de la transacción, nombre del proyecto, nombre del sub-proyecto, monto, fecha de inicio y de fin del proyecto.

4. **Sucursales**

    4.1 Entidad, región.

    4.2 Fecha de creación, dirección.

5. **Agencias**

    5.1 Entidad, región, sucursal.

    5.2 Fecha de creación, dirección.

6. **Departamentos**

    6.1 Entidad, región, sucursal, agencia.

    6.2 Fecha de creación, dirección.

7. **Nota de Despacho**

7.1 Entidad, región, sucursal, agencia, gerencia, almacén, código del cliente, código del ítem, destino.

7.2 Fecha, cantidad.

8. **Entrada de Almacén**

8.1 Número del acreedor, número de la orden de compra, código del ítem.

8.2 Fecha de recepción, cantidad recibida.

9. **Facturas de Cuentas por Pagar**

9.1 Código del acreedor o proveedor.

9.2 Número del RIF, fecha de la factura, fecha de recepción del bien o servicio, número de la orden de compra o de contrato, monto de la factura

10. **Factura de Cuentas por Cobrar**

10.1 Nombre, código del ítem despachado, código del almacén que despacha, precio.

10.2 Rif del cliente, fecha del despacho, cantidad despachada, monto.

11. **Actas (de junta directiva, asamblea de accionistas, comité de compras, comité de ventas)**

11.1 Entidad, región, sucursal, agencia, gerencia, tipo de reunión, etcétera.

11.2 Fecha, resoluciones.

12. **Activos fijos**

12.1 Entidad, región, sucursal, agencia, gerencia.

12.2 Fecha de adquisición, serial, modelo, precio de adquisición, etcétera.

13. Mantenimiento de Activos Fijos

13.1 Código del equipo, serial del equipo.

13.2 Fecha del mantenimiento, tipo de mantenimiento, costo del mantenimiento.

14. Ordenes internas

14.1 Entidad, región, sucursal, agencia, gerencia.

14.2 Fecha, código de ítem, descripción de ítem, cantidad de ítem, descripción del trabajo.

15. Ordenes de trabajo

15.1 Entidad, región, sucursal, agencia, gerencia, equipo o instalación, etcétera.

15.2 Fecha, descripción del trabajo.

16. Órdenes de compra

16.1 Entidad, región, sucursal, agencia, gerencia, código del ítem, proveedor, etcétera.

16.2 Fecha, cantidad solicitada, precio de compra.

17. Permisos de trabajo

17.1 Entidad, región, sucursal, agencia, gerencia, área, equipo, supervisor.

17.2 Fecha, descripción del trabajo.

18. Contratos

18.1 Entidad, región, sucursal, agencia, gerencia, área, código contratista.

18.2 Fecha, monto, descripción de la obra o servicios

19. Permisos de trabajo

19.1 Banco, entidad, región, sucursal, código del proveedor.

19.2 Fecha, monto.

20. Cheques

20.1 Código de Banco, Nombre del Beneficiario.

20.2 Fecha, monto.

21. Maestro de Cuentas Bancarias

21.1 Entidad, región, sucursal, agencia, gerencia.

21.2 Fecha de apertura de la cuenta, Nombre del Banco, Número de Cuenta del Banco, Dirección del Banco, firmas autorizadas.

22. Maestro de Nóminas

22.1 Entidad, región, sucursal, agencia, gerencia.

22.2 Fecha de ingreso, Nro. de cédula de identidad o número de pasaporte, nombres y apellidos, fecha de nacimiento, lugar de nacimiento, nacionalidad, edad, sexo, nacionalidad, profesión, años de experiencia, idiomas, estudios, , área, sueldo básico, dirección y número de teléfono de habitación, etcétera.

23. Maestro de Contratistas y proveedores

23.1 Entidad, región, sucursal, agencia, gerencia.

23.2 Fecha de creación, Nombre de la razón social, datos de la cuenta bancaria, representantes legales, dirección, nro. de identificación fiscal, actividad económica, condición de pago, embargo o cesión de crédito, etcétera.

24. **Maestro de Clientes**

24.1 Entidad, región, sucursal, agencia, gerencia, actividad económica, condición de venta (contado o crédito).

24.2 Fecha de creación, Nombre de la razón social, datos de la cuenta bancaria, representantes legales, dirección, nro. de identificación fiscal, plazo de crédito.

25. **Maestro de precios de productos**

25.1 Tipo Producto

25.2 Fecha de creación o modificación, Código del ítem, descripción del ítem, precio del ítem.

26. **Bonos quirografarios**

26.1 Entidad, región, sucursal, agencia, gerencia.

26.2 Emisor, fecha de emisión y fecha de vencimiento, valor nominal, tasa de interés, etcétera.

27. **Acciones**

27.1 Entidad, región, sucursal, agencia, gerencia.

27.2 Emisor, fecha de emisión y fecha de vencimiento, valor nominal, tasa de interés, etcétera.

CONTROLES DE AUTORIZACIÓN

Los controles de autorización, son los procesos que se realizan para validar, verificar que la ejecución de una transacción se esté realizando, con la aprobación previa de la(s) persona(s) que tiene(n) el (los) nivel(es) de autoridad respectiva.

Para comprender el concepto anterior, es necesario conocer en detalle a que se refieren los "Niveles de Autoridad".

En la medida que las organizaciones van creciendo y sus procesos y transacciones se van haciendo cada vez más voluminosas y complejas, sus accionistas o propietarios, se ven en la imperiosa necesidad de delegar deberes y responsabilidades, de tal forma que les permita, de la mejor manera posible, la fluidez, la eficiencia y la efectividad de sus procesos y actividades, para así poder alcanzar los objetivos y metas trazados.

Esas delegaciones, se conocen en muchas partes, como "Niveles de Autoridad", o "Niveles de Delegación Financiera, Administrativa", "Niveles de Autoridad y Responsabilidad", u otras denominaciones similares.

A efectos de este sub-capitulo, nos referiremos a ellas, como "Niveles de Autoridad".

A continuación sus características básicas:

• La naturaleza de las transacciones delegadas, debe estar estrechamente ligada con la posición o cargo y roles que tenga el individuo dentro de la estructura organizativa.

• La importancia, responsabilidad y monto de las transacciones que se deleguen a cada individuo, debe estar en línea directa con el nivel que ese individuo tenga dentro de la estructura organizativa.

• Es decir, a mayor nivel dentro de la estructura organizativa, mayor debe ser el nivel de autoridad para tomar decisiones por cuenta de los accionistas, dueños, directores o representantes legales máximos de la organización, a menor nivel, menor autoridad debe estar delegada.

Vamos a hacer un ejercicio visual, del ideal de cómo deben funcionar las delegaciones de autoridad en cualquier organización o ente:

Imaginémonos dos pirámides, ambas colocadas en paralelo la una de la otra:

• En la **pirámide del lado izquierdo representaremos los niveles jerárquicos,** vamos a posicionar la pirámide con la punta más delgada hacia arriba, la vamos a dividir en 3 partes iguales a nivel horizontal, y de arriba hacia abajo, indicaremos para el tramo 1 que corresponde a los niveles Jerárquicos más Altos, el tramo 2 que corresponde a los Niveles Jerárquicos Medios, y el tramo 3 a los Niveles Jerárquicos Bajos.

• En la **pirámide del lado derecho, vamos a representar los Niveles de Autoridad,** vamos a posicionar la pirámide con la punta más delgada hacia abajo y la más ancha del lado de arriba y, la vamos a dividir en 3 partes iguales a nivel horizontal. Cada uno de esos tramos va a representar la cantidad de poder y decisión dentro de la organización o ente.

Ahora manteniendo a ambas pirámides en paralelo la una de la otra, vamos a relacionar cada tramo, y tenemos:

1. la primera tercera parte de la pirámide de la izquierda, con la primera tercera parte de la pirámide de la derecha. ¿Qué podemos concluir de esta primera comparación? Respuesta: - Que a mayor nivel jerárquico que corresponde a pocas personas, se debe concentrar el mayor nivel de poder y decisión.

2. la segunda tercera parte de la pirámide de la izquierda, con la segunda tercera parte de la pirámide de la derecha. ¿Qué podemos concluir de esta segunda comparación? Respuesta: - Que a mediano nivel jerárquico, donde hay mayor nivel de responsabilidad, debe haber mediano nivel de poder y decisión.

3. la última y tercera parte de la pirámide de la izquierda, con la última y tercera parte de la pirámide de la derecha. ¿Qué podemos concluir de esta tercera comparación? Respuesta: - Que a nivel jerárquico bajo, donde hay mayor cantidad de tareas, debe haber poco o ningún nivel de poder y decisión.

El documento que establezca, los Niveles de Autoridad, debe detallar y definir claramente cuáles son los deberes y responsabilidades que se están delegando y especificar los límites en montos de la moneda de circulación legal hasta donde llegará esa delegación. Éso en los casos que aplique el monto, lo cual dependerá del tipo de transacciones que se estén delegando. Todo dependerá del tipo de negocio y transacciones propias de cada organización.

Todos los Niveles de Autoridad, cuyos controles de validación, verificación están automatizados, deben estar debidamente sustentados en físico con un documento bien detallado y contentivo de las firmas de los máximos niveles jerárquicos de la organización.

La ejecución del control de autorización, se puede realizar de dos formas, una parte que es completamente manual, donde solo la puede hacer un humano y la otra a ser ejercida de forma automática a través de sistemas de procesamiento electrónico de datos. En ambos casos, para continuar con el siguiente paso dentro del proceso, si no se ha cumplido el paso requerido, no se debería continuar con el proceso.

El paso manual, tiene sus márgenes de errores por el simple hecho de que en su ejecución, está inmerso solamente el factor humano.

Cuando es ejecutado por el sistema, el margen de error pudiera decirse que es prácticamente inexistente, no obstante, si pudiera darse si los responsables de administrar las bases de datos de los archivos maestros, manipulan la información a conveniencia, por lo tanto, siempre aunque haya parte de un proceso de autorización que es ejecutado de forma automatizada, es importante, los procesos de seguimiento y monitoreo de los cambios que se hayan dado en los archivos maestros, en cuanto a dejar sustentado, que todos los cambios se corresponden a cambios que están debidamente autorizados, aprobados y soportados.

Ejemplos de controles de autorización mixtos (manual + automatizado):

• Para permitir la salida de materiales de un almacén, el custodio de ese almacén valida que la solicitud de materiales esté aprobada por el jefe del Almacén, sin embargo para darle de baja de los registros automatizados, solo puede hacerlo el (o los) que tenga(n) la(s) clave(s) secreta(s) que permita(n) procesar esa transacción.

• Para el pago de un cheque, el cajero del banco valida visualmente que la(s) firma(s) en el cheque coincida(n) con la(s) firma(s) que hay en los archivos del banco, sin embargo el sistema automatizado del banco impide que se procese el pago del cheque, si los fondos son insuficientes.

• Para ingresar en el sistema una partida presupuestaria y su monto, el analista de presupuestos valida que el acta que reciba, contenga la firma de los directores de la empresa, por otro lado, para procesar la transacción en el sistema, requiere de una clave secreta para su acceso y estar autorizado dentro del sistema, para procesar dicha transacción.

• Para aprobar el ingreso de un nuevo trabajador en el Sistema de Nóminas de la empresa, el supervisor o analista de Recursos Humanos valida que exista la firma del Gerente de Recursos Humanos en la planilla o documento físico donde se aprueba el ingreso, por otro lado el sistema automatizado, solo permite que la transacción se procese si se accede con la clave secreta autorizada.

• Para que se realice un pago, antes de la fecha preestablecida para el mismo, el Supervisor de Cuentas por Pagar, valida que contenga la firma del Gerente de Finanzas, por otro lado el sistema automatizado solo permite su proceso si quien lo hace introduce la clave secreta autorizada para dicho proceso.

• Para acceder a cualquier sistema automatizado se debe ingresar una clave de acceso, la validación la hace automáticamente el sistema de acuerdo con su diseño de programación.

CONTROLES DE CUSTODIA

Los controles de custodia son procedimientos para impedir o detectar el acceso o el uso no autorizado a instalaciones y bienes durante el período en que los mismos están bajo la custodia de un individuo, departamento, gerencia o unidad dentro de la organización. Con el fin primordial de proteger la vida, los bienes y las instalaciones.

Estos controles de custodia incluyen restricciones al acceso y procedimientos para asegurar que las personas que entran, permanecen o salen de las instalaciones, lo hacen sí y solo sí, cuentan con la autorización para ello. Así mismo, incluyen los procedimientos para asegurar que los **bienes** antes de darles ingreso o permitir su salida de las instalaciones, se cuentan, se inspeccionan y se reciben o entregan, si y solo sí, existe la respectiva autorización para ello.

A continuación mostraré algunos ejemplos de esos tipos de controles de custodia:

CASO NÚMERO 1

Característica del control:

Procesos que permiten restringir el acceso, permanencia, tránsito y salida de personas no autorizadas en determinadas áreas de una organización.

Estructura de Control:

- Puertas y ventanas con mecanismos de seguridad (cerraduras con llaves)
- Cercas
- Muros
- Alambrados
- Cercados eléctricos
- Vigilantes
- Recepcionistas
- Cámaras de seguridad
- Mecanismos con controles electrónicos de accesos (tarjetas lectoras, capta huellas, transcripción de claves
- Alarmas

Todos los anteriores, son solo estructuras de control, para que se dé el control de custodia debe existir siempre un elemento que se active que bloquee la acción del intruso.

Los elementos que activan el control están en línea directa con el sentido de responsabilidad y de pertenencia del trabajador.

• Si se tienen puertas con cerraduras, se debe tener el cuidado de mantener las puertas cerradas con llave que impidan el acceso a intrusos.

• Quien tenga la custodia física de las llaves, debe tener el debido cuidado en mantenerlas en resguardo y que no sean de fácil acceso a terceros.

• Si existen accesos mediante tarjetas electrónicas, capta-huellas, etcétera, quien es el custodio de las mismas, no debe facilitarlas a terceros. Por otro lado, si está combinado con vigilancia física, los vigilantes deben prever que quienes utilizan esas tarjetas electrónicas, son las personas autorizadas para ello.

• Si existen vigilantes a través de presencia física o remota a través del monitoreo mediante cámaras, en lo que el sistema active una alarma visual o sonora, que sea indicativo que hay un acceso no permitido, el vigilante debe realizar de inmediato los procedimientos que bloqueen o limiten la acción del intruso.

• Restricciones de acceso mediante barras de control manual o vía control remoto, los vigilantes deben validar que quien entra o sale está autorizado, y no limitarse solo accionar el abrir y cierre del sistema.

• Monitoreo de los informes que reporten intentos de accesos frustrados.

CASO NÚMERO 2

Característica del control:

Procesos que se realizan para prevenir o detectar el uso no autorizado de bienes mientras ellos se encuentran bajo la responsabilidad de un individuo o ente.

Estructura de control

• Claves para ingresar a sistemas computarizados o electrónicos

• Bóvedas

• Cajas de seguridad.

Todos los anteriores, son solo estructuras de control, para que se dé el control de custodia debe existir siempre un elemento que se active que bloquee la acción del intruso.

Los elementos que activan el control están en línea directa con el sentido de responsabilidad y de pertenencia del trabajador:

• Si se tienen cajas de seguridad o bóvedas, quien tenga su custodia, debe tener el cuidado de mantenerlas cerradas y con restricción de acceso al lugar donde están ubicadas físicamente. E igual cuidado con las claves secretas para abrirlas.

• Si se tienen claves secretas para acceso a sistemas electrónicos, se debe tener el cuidado de mantener las claves en resguardo del acceso por parte de terceros. Es el mismo cuidado que un individuo le debe dar a las claves secretas que le dan en el banco o bancos donde mantiene sus cuentas bancarias personales, al ingresar a un cajero automático, hacer un pago en un punto de ventas, al ingresar a sus cuentas vía internet, debe tener el debido cuidado de proteger sus tarjetas y que sus claves secretas no sean visualizadas por terceros cuando las procesan o porque las deje por descuido por escrito en lugares de acceso fácil para cualquiera.

- Monitoreo de reportes de intentos de acceso con claves erradas

CASO NÚMERO 3

Característica del control

Procedimientos para asegurar que los procesos de recepción, almacenaje y despachos de bienes, se realicen siempre y cuando exista la autorización, así como la previa inspección de sus atributos físicos en concordancia con los detalles del documento físico o electrónico donde se autoriza esa transacción

Estructura de control

- Para recibir mercancía en almacenes debe existir una orden de compra que lo autorice, además con todas las especificaciones de lo que se va a recibir y su cantidad. El elemento que activa el control es si antes de ingresar las mercancías a la empresa, tanto física como contablemente, son inspeccionadas y contadas y revisada la legalidad de los documentos que la acompañan.

- Se ha establecido que todo despacho de materiales, equipos o mercancía de un Almacén, se realice sí y solo sí, existe una orden de despacho autorizada por el Jefe del Almacén. El elemento que activa el control es sí el responsable en el Almacén valida que la orden de despacho contenga la firma del Jefe del Almacén, y se esté entregando físicamente lo indicado en los documentos.

• Para recibir un buque a un puerto de embarque, debe existir en primer lugar la Nominación del Cargamento emitida por el Departamento de Ventas, así como otros documentos que especifique el ente interno. El elemento que activa el control es cuando la persona responsable valida que coincida la información que contienen los documentos, el buque en el puerto de embarque y el producto que físicamente será entregado.

• Para descargar el volumen proveniente de un cargamento de un buque, el mismo debe contener certificados de calidad y volúmenes, y otros documentos que legalizan el cargamento. El elemento que activa el control es si el responsable en el puerto de embarque revisa el contenido y legalidad de los certificados de calidad de la mercancía o de los volúmenes de carga, así como la legalidad de los documentos que sustentan la carga y otras exigencias legales para permitir su ingreso al puerto de embarque.

CONTROLES DE EXISTENCIA FÍSICA

Los controles de existencia física, son procesos diseñados para detectar discrepancias entre los bienes en existencia y los que se encuentran en los registros contables, registros auxiliares, ya sea por diferencias en cantidades o por pérdidas de su valor a causa de la obsolescencia.

Ejemplos de procedimientos de control de Existencia Física:

• Conteos periódicos de equipos, partes, mercancías o cualquier otro tipo de bienes de valor que sean susceptibles de robo.

• Evaluación de las condiciones físicas de inventarios de equipos, partes, mercancías para determinar grados de obsolescencia que permitan hacer los respectivos registros contables por tales conceptos, es decir por obsolescencia.

• Validación de las condiciones físicas de vehículos, equipos y otras clases de bienes de la organización en poder del personal contra la data existente en los registros contables principales y auxiliares.

• Validación del detalle, cantidad y condiciones físicas de bienes de la organización en poder de terceros y su comparación con la data existente en los registros contables principales y auxiliares.

Para que los controles de Existencia Física, sean efectivos, la responsabilidad sobre los mismos, deben tenerlas individuos no responsables por su custodia física, de tal forma que:

• Exista una verificación independiente de las cantidades de los bienes en existencia en los registros contables.

• Permita validarse el valor potencial (valor de mercado o realización) de los mismos en relación con sus costos en libros y determinar nivel de obsolescencia.

• Se valide el debido cuidado físico que se le da a los bienes en cuanto a preservarlos apropiadamente.

CONTROLES DE CONCILIACIÓN

Controles diseñados para detectar los errores que no pudieron ser detectados en su oportunidad por los otros controles.

Los métodos utilizados son comparar la integridad de los datos que se encuentran en los registros contables, con otros registros que se llevan sobre los mismos datos, pero en corrientes separadas de flujo de información.

La diferencia del "Control de Conciliación" con el "Control de Existencia Física", es que el control de conciliación compara información sobre una misma actividad, pero que ha sido procesada en diferentes registros, por diferentes responsables o entes, con una misma finalidad, pero que al compararse los registros, deberían dar iguales resultados.

Mientras, que el control de existencia física permite validar que la información que se encuentra en los registros contables principales o auxiliares que tiene la organización o empresa sobre un bien, equipo, mercancía en particular, coincide con la que existe físicamente y viceversa.

En las siguientes páginas, algunos ejemplos de los controles de conciliación y detalles de los tipos de desviaciones, errores o fraudes que permiten detectar:

CASO 1:
Tipo de Conciliación: Cuentas por cobrar

Detalle del control de conciliación:

• Envío de estados de cuentas a clientes.

¿Qué permite detectar?:

Pagos de clientes que no han sido rebajados de los registros contables de la empresa.

Facturaciones cargadas a cuentas de clientes que no le pertenecen, puede evidenciar fraudes de despachos realizados a otros clientes, que puedan o no estar dentro de la cartera de clientes de la empresa, pero que tienen ventajas en mayor porcentaje de descuentos en condiciones de venta y despacho. Ejemplo descuentos, plazos de pago, volumen despachado, etcétera.

• Comparación data en registros auxiliares de cuentas por cobrar, versus las cuentas de control en el mayor general.

¿Qué permite detectar?:

Pagos realizados por clientes no rebajados de las cuentas particulares de los clientes o viceversa.

Ventas y despachos realizados que no fueron contabilizados en los registros principales, etcétera.

CASO 2:
Tipo de Conciliación: Cuentas en Bancos

Detalle del control de conciliación:

Comparación data en registros contables versus los estados de cuenta bancarios.

¿Qué permite detectar?

• Cheques no cobrados, pero en los registros aparecen como entregados, sin embargo puede ser que jamás llegaron a sus beneficiarios legales.

• Depósitos no acreditados por el banco, y presuntamente sus fondos fueron desviados o jamás depositados por los clientes.

• Depósitos, notas de débito, notas de crédito registradas por el banco pero no por la empresa.

• Cheques pagados por el banco que no están en los registros de la empresa y que jamás fueron girados por ésta.

CASO 3:
Tipo de Conciliación: Cuentas por Pagar a Acreedores y Proveedores

Detalle del control de conciliación:

Solicitud de estados de cuentas a clientes, acreedores y proveedores y validarlos con la data existente en los registros contables, nombre de la empresa.

¿Qué permite detectar?

• Facturas pendientes de pago que ya han sido canceladas por la empresa.

• Movimientos en la cuenta con el acreedor que no están dentro de los movimientos de la empresa.

Al igual que con las cuentas por cobrar, alguien pudiera estarse aprovechando de las condiciones de compras que se tienen con algunos proveedores y contratistas, utilizando el nombre de la empresa para solicitar pedidos.

CASO 4:
Tipo de Conciliación: Inventarios de Proyectos o Mantenimientos

Detalle del control de conciliación:

• Comparación data en los registros contables de los inventarios y equipos entregados a empresas contratistas para ejecución de labores de mantenimiento versus los informes entregados por dichas contratistas en sus procesos de rendición de cuentas.

¿Qué permite detectar?

Equipos y partes en poder de las contratistas o utilizados por las contratistas que no fueron registrados contablemente en la empresa o viceversa.

• Comparación información registrada en las órdenes de trabajo sobre materiales, equipos y partes utilizados en los mantenimientos versus los detalles de las partes utilizadas por los contratistas.

¿Qué permite detectar?

Equipos y partes en poder de contratistas que no fueron utilizados en los mantenimientos requeridos, ni devueltos a la empresa.

CASO 5:
Tipo de Conciliación: Vehículos, Equipos y Partes

Detalle del control de conciliación:

Comparación de registros auxiliares en poder de custodios de los vehículos, equipos y partes, versus data existente en los registros contables principales.

¿Qué permite detectar?

• Vehículos, equipos y partes existentes en libros pero no físicamente.

• Vehículos, equipos y partes en poder de empleados que no están dentro de los registros contables principales de la empresa.

• Discrepancia en los datos particulares existentes en libros de la empresa (seriales, color, modelo, marca, cantidades), versus los registros auxiliares en poder de custodios.

CONTROLES DE PROTECCIÓN DE REGISTROS Y EQUIPOS

Son las medidas para prevenir la destrucción de, o el acceso no autorizado a los registros y a los equipos, así como la conservación de los mismos por el tiempo en que estos son requeridos interna o legalmente, a fin de reducir los siguientes riesgos.

A continuación casos prácticos:

1. Ante los riesgos de que el sistema de controles se dañe o llegue a no funcionar debido a un accidente, una catástrofe o un fraude y permita asegurar la recuperación de datos e información vital de la organización, entre los controles que se deberían tener tenemos:

• Archivos a prueba de incendio, combinados con detectores de humo, alarmas sonoras, cámaras de video-vigilancia que permitan determinar daños intencionales.

• Respaldo del almacenamiento de la información, en al menos otro sitio remoto. El sitio remoto donde se almacene, debe prever las condiciones de restricción de acceso y de seguridad en casos de robos, incendio, eventos de fuerza mayor de la naturaleza.

• Respaldos de información de fechas anteriores que permitan recuperación en caso que toda la información y respaldos más recientes hayan sido afectados. Deben estar por escrito todos los protocolos que se creen al respecto, establecer la periodicidad de su revisión, actualización, monitoreo e informes.

2. Ante los riesgos de que la Información clave de la empresa llegue a manos inescrupulosas, entre los controles que se deberían tener tenemos:

• Restricción de accesos a documentos en blanco que tienen un valor potencial. Ejemplo de documentos con valor potencial: cheques, notas de crédito, facturas, boletas de aforación, permisos de trabajo, bonos quirografarios, acciones.

• Métodos para evitar el acceso no autorizado a oficinas, computadoras, archivos físicos o electrónicos, que incluyan documentos financieros, operacionales, administrativos, contables que por su contenido estratégico para la organización debe mantenerse una restricción permanente a su acceso, tales como:

• Presupuestos bases para un proceso de contratación no iniciada aun el proceso de recepción de ofertas.

• Planos de ingeniería.

• Estrategias de negociación con terceros (para compras, ventas, construcción, prestación de servicios).

• Nóminas de trabajadores.

• Fórmulas claves para la producción.

• Formulas con patentes en progreso.

• Informes de auditoría.

• Informes de producción.

• Planes de mantenimiento.

• Planes estratégicos de financiamiento, operacional, administrativo, contable a corto, mediano y a largo plazo.

• Detalle de los Buques fletados para un período determinado (en caso que llegue a fletadores pudiera poner en riesgo a las operaciones de la empresa, al ser evidente que no tendrán los medios para transportar sus productos y aquellos aprovecharse de la empresa al subir los precios de fletar sus buques).

En definitiva, son una gran cantidad de situaciones que serán muy particulares para cada organización, pero que de caer en manos de personas inescrupulosas, su uso o divulgación pudieran causarle daños importantes hasta irreparables a la organización.

3. Ante los riesgos de Multas, Sanciones, pérdida de beneficios o derechos por ausencia de documentación que sustente el cumplimiento de deberes, responsabilidades y compromisos legales, entre los controles que se deberían tener están los programas y políticas de retención de documentos en la empresa, aseguren que los registros se conservan por lo menos hasta que prescriban legalmente las obligaciones, derechos y deberes que ellos respaldan.

El tiempo de conservación de los registros que se generen deben estar en línea con la legislación que los regula, tanto interna como externamente, y esa información debe formar parte de las normativas internas de la organización.

A nivel fiscal, cada país establece el tiempo en el que prescriben las obligaciones fiscales, sin embargo existen otras leyes, como ejemplo en Venezuela, está el Código de Comercio Venezolano, que establece períodos de conservación de ciertos registros y documentos por 10 años, lapsos mayores al de las prescripciones de las obligaciones fiscales.

Cada país, cada negocio de acuerdo al tipo de actividades y relaciones que mantenga a nivel nacional e internacional, tiene una legislación muy particular a la cual está sujeta dependiendo de cada asunto que maneje. En función de ello, es como deben conservarse los registros relacionados con las transacciones legales, financieras, operacionales y administrativas entre otras.

Hay ciertos tipos de registros que por su naturaleza deben conservarse durante el tiempo de vida de la organización, como ejemplo todos aquellos que tengan relación con los Registros Públicos del ente gubernamental que los regula, como son las actas constitutivas y sus modificaciones en el tiempo. En el caso de los organismos públicos de un Estado, existen registros que deben conservarse de manera indefinida en el tiempo, ejemplo, los registros civiles, mercantiles, inmobiliarios, penales.

ELEMENTOS DE CONTROL EN AMBIENTES DE PROCESAMIENTO ELECTRÓNICO DE DATOS

Para toda la información financiera, operacional, contable, administrativa de una organización que es procesada y almacenada electrónicamente, vamos a tener presentes **dos elementos de control**, el primero es control de usuario y el segundo, control de computador. En la medida que los controles estén inmersos dentro de sistemas automatizados tiende a disminuir el margen de error humano en los procesos de validación, revisión, aprobación de la data.

En el pasado, antes de la existencia de la información electrónica, todo lo que se expone a continuación se realizaba en manuscrito, en grandes hojas que contenían una gran cantidad de columnas y determinado número de filas, para los casos donde existían caracteres numéricos que eran el resultado de fórmulas matemáticas, o se hacían por la agilidad mental de sus transcriptores o de la ayuda de máquinas calculadoras, que daban sus resultados en rollos de papel, y esos resultados eran pasados en forma manuscrita en aquellas inmensas hojas de papel.

El tamaño de columnas que contuviera cada una de esas hojas de papel, dependía de las necesidades de información que se requerían registrar, contabilizar, procesar en ellas. Por lo tanto, los controles en ambientes de procesamiento electrónico de datos, no existían para aquel entonces.

Para aquella época, era una necesidad el ir aumentando los espacios físicos para guardar toda aquella información que iba creciendo de forma muy acelerada como consecuencia del transcurrir del tiempo por una parte, el crecimiento del tamaño de la empresa por otra parte, que además de mayor cantidad de transacciones, requería una nueva diversidad de ellas, que requerían ser procesadas y archivadas.

En aquel tiempo, por ser todos los procesos de forma manual, cuando se detectaban errores, **traía como consecuencia el tener que repetir todos los procesos y papeleo desde el mismo momento en que se hubiese incurrido en el error**, generando altos y diversos costos, desde el humano por la inversión de tiempo, el costo de material por los desperdicios de papel entre otros, adicionalmente la generación de los problemas ambientales, ante la tala indiscriminada de árboles, la gran acumulación de basura en el mundo, y lo más importante, lo más grave aún, la falta de información oportuna para la toma de decisiones.

Para ese tiempo, cada vez que había que corregir un error en el procesamiento de la información, el tamaño de lo simplicidad o complejidad que implicaba la afectación de los procesos y sus transacciones estaban en línea directa con el tamaño de la organización o empresa, mientras más grandes y complejas mayor eran los problemas. Para ese entonces, el uso de la tecnología era parte de la ciencia ficción.

Es impresionante, que fue hasta hace menos de 50 años, específicamente a finales de los años 70 del siglo XX, apenas el siglo pasado, cuando se empezaron a dar los pasos para que el mundo de la información electrónica se montara primero en la carretera de la tecnología y a una velocidad muy baja, para lograr a finales de los años 90, montarse en autopistas muy modernas y a máxima velocidad, logrando así, la automatización acelerada de la mayoría de los procesos e información electrónica, logrando hoy en día, que solo se necesiten fracciones de segundos para capturar, procesar, transformar y transmitir de forma automática la información.

Lo anterior, es para hacer un poco de historia, del gran avance que ha tenido la humanidad en lo que a información electrónica se refiere y que para este momento, 2018, año en que estoy escribiendo este material, en muchos países del mundo no llega ni siquiera a los 40 años de su implementación, esto es realmente asombroso y es bien importante que sea del conocimiento de los jóvenes de hoy en día, que han nacido y crecido dentro de ella, desconociendo y no apreciando verdaderamente, que no estamos muy lejos desde el momento en que la empezamos a disfrutar y que fueron las generaciones de los años 50 del siglo pasado, es decir sus padres o abuelos los precursores, los protagonistas vivientes del desarrollo de las maravillas que gozamos todos hoy en día en tecnología de la información y de las comunicaciones a través de la electrónica, entre muchos otras grandes invenciones que hoy muchos la toman a la ligera y como que si tuvieran siglos de su existencia.

En la actualidad, todos los países desarrollados y también al menos la gran mayoría de los mal llamados países subdesarrollados o en vías de desarrollo, han sido prácticamente arropados por la información electrónica, para recolectar, procesar, almacenar y distribuir, la gran mayoría de sus actividades y procesos de información administrativa, financiera y operacional entre otros. Es así como **surgen para la información procesada y archivada a través de bases de datos electrónicos, dos importantes elementos de control, como lo son controles de usuario y controles de computador.**

Es bien importante estar en conocimiento, que los ambientes de procesamiento electrónicos de datos, que dan mayor seguridad, son aquellos que dejan trazabilidad de los cambios por modificaciones, eliminaciones e incorporaciones que se realicen tanto a nivel de sus archivos maestros como de los archivos de transacciones. Porque **existen bases de datos en electrónico, que dan muy poca seguridad**, donde el usuario puede modificarlos y sin que quede trazabilidad alguna de los cambios en los registros maestros ni en los de transacciones, ejemplo de ello, tenemos bases de datos procesadas a través de Microsoft Office- Excel.

Antes de entrar de lleno a comprender a que se corresponden los controles de usuario y los controles de computador, vamos a detenernos a estudiar ciertos aspectos claves sobre la información que se almacena en ambientes electrónicos de datos, sobre las cuales sin necesidad de ser los expertos o licenciados en computación o en sistemas o en otra disciplina relacionada directamente con el área de la informática y la electrónica, lo debemos tener bien claro todos los que estemos relacionados o incursionando en el área del control interno.

La información que se almacena en ambientes electrónicos de datos, tiene dos naturalezas, una es fija y se le llama "Data o archivos maestros" y la otra es variable, se llama "Data o archivos de transacciones".

• Los "Archivos Maestros" o "Data Maestra", son data fija, y fundamental que requiere ser establecida como parte de una estructura lógica de datos de información, que solo varia, cuando un elemento de su estructura, experimenta un cambio que lo hace transformarse. Sin embargo, la frecuencia de esos cambios, es muy eventual o pudieran darse casos, que en el transcurso de vida de la organización jamás lleguen a variar.

Esa información identificada como data maestra, facilita el procesamiento de otros datos de información del día a día de la organización y al tenerla como data maestra, además de minimizar el tiempo invertido en el procesamiento de datos de transacciones frecuentes, ayuda a minimizar al máximo el número de errores o fraudes que pudieran darse con ella.

• Los "Archivos de Transacciones" o "Datos de transacciones, son los registros, que van a almacenar movimientos, sucesos, acontecimientos que van desarrollándose frecuentemente en el tiempo relacionados con la data fija y que dan información sobre su estatus para un momento o períodos de tiempo específicos.

Estos archivos de transacciones, que tienen una data fija que es común para otras transacciones del mismo tipo, de no existir la "Data Maestra", implicaría grandes desperdicios de tiempo y costos de personal entre otros.

A continuación vamos a exponer varios ejemplos para mayor comprensión sobre la estructura lógica de las bases de datos en electrónico:

CASO 1
Nombre de la Base de Datos: NÓMINA

Archivo Maestro o Data Maestra:

Ficha de cada trabajador:
- Número de trabajador
- Número de cédula de identidad
- Fecha de nacimiento
- Estado Civil
- Lugar de Nacimiento
- Nacionalidad
- Dirección de habitación

- Nivel de Instrucción
- Sueldo básico
- Cargo dentro de la organización
- Departamento donde labora
- Área Geográfica donde labora

Archivo de Transacciones o Datos de Transacciones:

- Nómina de pago mes y año xy
- Vacaciones mes y año xy
- Pago de utilidades mes y año xy
- Pago de sobretiempo
- Pago de Tarjeta de Alimentación
- Cursos de Formación del mes

CASO 2
Nombre de la Base de Datos:
ESTRUCTURA ORGANIZATIVA

Archivo Maestro o Data Maestra:

- Filiales
- Sucursales
- Agencias
- Refinerías
- Áreas Operacionales
- Departamentos

  - Finanzas
  - Activo Fijo
  - Ventas
  - Compras
  - Cuentas por Cobrar
  - Tesorería
  - Cuentas por Pagar
  - Nómina
  - Impuestos

Archivo de Transacciones o Datos de Transacciones

- Presupuesto
- Nómina del personal que lo conforma
- Bienes que tiene bajo su custodia

CASO 3
Nombre de la Base de Datos: CONTABILIDAD

Archivo Maestro o Data Maestra:

- Cuentas contables
- Clientes
- Proveedores
- Bancos Comerciales
- Filiales
- Sucursales
- Agencias
- Refinerías
- Tanques de Almacenamiento
- Almacenes
- Plantas de Procesos

Archivo de Transacciones o Datos de Transacciones

- Asientos de Diario
- Cierre contable por mes
- Cierre contable por año
- Estados Financieros

CASO 4
Nombre de la Base de Datos: TANQUES DE ALMACENAMIENTO

Archivo Maestro o Data Maestra:

- Fecha de construcción

- Ubicación Física
- Tipo de Producto que almacena
- Tabla de Calibración del Tanque
- Capacidad del Tanque

Archivo de Transacciones o Datos de Transacciones

- Recibos
- Despachos
- Inventarios
- Mantenimientos Preventivos
- Mantenimientos Correctivos
- Mantenimientos Ordinarios

CASO 5

Nombre de la Base de Datos: CLIENTES

Archivo Maestro o Data Maestra:

- Código del Cliente
- Nombre del Cliente
- Tipo de Cliente: contado / crédito
- Información Fiscal del Cliente
- Ubicación geográfica
- Dirección del local
- Dirección de correo electrónico
- Números telefónicos
- Datos cuenta bancaria
- Límite de Crédito
- Información financiera

Archivo de Transacciones o Datos de Transacciones

- Despachos
- Facturas
- Cobros

CASO 6
Nombre de la Base de Datos: PROVEEDORES

Archivo Maestro o Data Maestra:

- Código del Proveedor
- Nombre del Proveedor
- Tipo de Proveedor: contado / crédito
- Información Fiscal del proveedor
- Ubicación geográfica
- Dirección
- Datos cuenta bancaria
- Información financiera

Archivo de Transacciones o Datos de Transacciones

- Compras
- Facturas
- Pagos

CASO 7
Nombre de la Base de Datos:
BANCOS COMERCIALES

Archivo Maestro o Data Maestra:

- Ficha por Banco:
- Código contable del Banco
- Nombre del Banco
- Número de Cuenta del Banco
- Tipo de Banco (Nacional o Internacional)
- Código a nivel de la banca
- Dirección del Banco

Archivo de Transacciones o Datos de Transacciones

- Depósitos
- Notas de Débito

- Notas de Crédito
- Cheques
- Intereses
- Comisiones

CASO 8
Nombre de la Base de Datos: Plantas de Procesos

Archivo Maestro o Data Maestra:

- Nombre de la Planta
- Tipo de Planta
- Tipo de Producción
- Ubicación Física
- Capacidad Instalada
- Año de Incorporación
- Año de Desincorporación

Archivo de Transacciones o Datos de Transacciones

- Mantenimientos Preventivos
- Mantenimientos Correctivos
- Mantenimientos Ordinarios

CASO 9
Nombre de la Base de Datos: VEHÍCULOS

Archivo Maestro o Data Maestra:

- Fecha de Adquisición
- Modelo
- Marca
- Serial
- Color
- Custodio Físico
- Custodio de Mantenimiento

- Tipo de Depreciación
- Tiempo de Vida Útil

Archivo de Transacciones o Datos de Transacciones

- Mantenimientos Preventivos
- Mantenimientos Correctivos
- Mantenimientos Ordinarios

En materia de estudio de controles internos, sin excepción, se deben conocer esos elementos bien básicos de la información que es procesada, almacenada y distribuida en ambientes electrónicos de datos, es decir, "Data Maestra" y "Data de Transacciones".

Es así, como para ambientes de información en procesamiento electrónico de datos, existen estos dos elementos de control que como ya dijimos previamente le vamos a conocer como:

- Controles del computador
- Controles de Usuario

CONTROLES DEL COMPUTADOR

Son aquellos de validación o revisión o verificación que realiza de forma automática el computador, para permitir o evitar que se continúe con el proceso siguiente de una transacción o un evento.

CONTROLES DE USUARIO

Son los procesos de seguimiento bajo la responsabilidad exclusiva del hombre, sobre los reportes, alertas e informes que emite el computador y que requieren que se realicen procesos manuales de validación o verificación o revisión o análisis o aprobación, para poder continuar con el proceso siguiente ya sea manual o automatizado o dar por culminado el respectivo proceso.

¿PERO QUIÉN ES EL RESPONSABLE DE ESTABLECER TANTO LOS CONTROLES DE COMPUTADOR COMO LOS CONTROLES DE USUARIO?

La respuesta es única, es responsabilidad del hombre, por ser el único que hasta ahora, tiene la capacidad intelectual de realizar los programas para trabajar en ambientes electrónicos de datos.

A continuación 6 ejemplos de controles que se han automatizado, es decir el control se ejerce a través de computadoras (identificados con la letra "a" al lado derecho del número) y de seguida el control de usuario (identificados con la letra "b" al lado derecho del número):

1.a. Aprobaciones de transacciones por quien tiene el nivel de delegación administrativa y financiera, mediante la utilización de claves de acceso al computador para realizar la transacción.

1.b Mantener la confidencialidad de la clave secreta.

2.a Retención de pagos a contratistas y proveedores que tienen embargos ordenados por tribunales.

2.b Mantener la confidencialidad de la clave secreta.

3.a Impedimento de acceso a instalaciones si las tarjetas de acceso no están autorizadas, con alertas de alarmas sonoras, reportes de intentos fallidos de acceso.

3.b Personal de seguridad en el sitio que está atento a las señales de alarmas; análisis y seguimiento a la data de los reportes que emite el sistema sobre intentos fallidos de acceso, emisión de indicadores de gestión y toma de acciones correctivas.

4.a Impedimento de acceso a computadoras de la empresa, sino se posee la clave de acceso.

4.b Mantener la confidencialidad de la clave secreta.

5.a Rechazo de transacciones por parte del banco en el proceso de transferencias a proveedores, contratistas, personal.

5.b Análisis y seguimiento a la data de los reportes que emite el sistema sobre rechazo de transacciones, emisión de indicadores de gestión y toma de acciones correctivas.

6.a Emisión de reportes automáticos, cada vez que se cumpla la frecuencia establecida.

6.b Dependiendo de la data del reporte, se activará cualquiera de los distintos tipos de control: Población, exactitud, autorización, custodia, existencia física, conciliación, protección de equipos y registros.

Ahora bien, hasta este momento en relación a los controles de computador y controles de usuario, hemos visto como en la automatización de los procesos del día a día se genera información de control que ejerce o el computador o requiere de acción por parte del usuario, sin embargo el auditor interno debe detenerse un poco más en la revisión de los procesos en estos ambientes electrónicos de data, y es el cuidado que debe haber con los archivos maestros.

Ya indicamos que los archivos maestros dentro de los sistemas automatizados son data fija, y fundamental que requiere ser establecida como parte de una estructura lógica de datos de información, que solo varia, cuando un elemento de su estructura, experimenta un cambio que lo hace transformarse y que la frecuencia de esos cambios, es muy eventual o pudieran darse casos, que en el transcurso de vida de la organización jamás lleguen a variar.

Y aquí repetí intencional y textualmente la definición expuesta anteriormente sobre los archivos maestros, ¿y por qué? Te preguntarás.

Porque **como auditores es importante detenernos en la revisión de los archivos maestros que tengan relación directa con los procesos que se están auditando,** es decir, el auditor debe contemplar dentro de las pruebas a ejecutar en su auditoría, pruebas de revisión de los cambios que se hayan realizado en la data maestra dentro del período que está auditando, porque modificaciones no autorizadas, ni supervisadas ni monitoreadas apropiadamente en el archivo maestro de uno o varios valores impacta directamente en la data del archivo de transacciones.

Para realizar ese tipo de revisiones de la data maestra, **el auditor interno no necesita ser el auditor del sistema, ni tampoco requiere esperar que se hagan las auditorías especiales al sistema**, porque aquí no va a revisar ni programación, ni el desarrollo, ni el mantenimiento propiamente dicho de la estructura lógica de ese sistema, la revisión que tiene que hacer como parte de su auditoría es la que afecta directamente la data del archivo de transacciones.

Dentro de las pruebas que el auditor debe realizar sobre los archivos maestros están:

• Determinar quién es el responsable de ejecutar y aprobar los cambios en los archivos maestros (incorporaciones, modificaciones, eliminaciones de data).

• Determinar si existe apropiada segregación de funciones entre quien realiza esos cambios, quien los revisa y quien los aprueba.

• Determinar si dentro del sistema y de forma física hay manera de validar la trazabilidad de esos cambios y de quien los haya ejecutado y aprobado.

• Determinar que quien realice los cambios en el archivo maestro no tenga funciones de registros de cualquier tipo en el archivo de transacciones.

• Determinar si existen informes de gestión sobre las incorporaciones, modificaciones y eliminaciones de data que se estén dando en los archivos maestros del sistema y que los mismos estén bajo el conocimiento y control de personas con apropiados niveles de autoridad y distintos de aquellos que están realizando dichos cambios.

A continuación voy a exponer algunos ejemplos:

• En el proceso de pagos a proveedores, contratistas o cualquier tipo de pago a terceros, un simple cambio en el número de identificación legal o número de cuenta bancaria de una persona ya sea natural o jurídica, pudiera estar permitiendo que los pagos se le hagan a una persona distinta y sin el consentimiento del beneficiario real, o condiciones en el plazo de pago cuando estos son diversos dentro de la empresa. Los cambios pudieran ser realizados para que se ejecuten transacciones puntuales y posteriormente colocar nuevamente los datos anteriores en el archivo maestro.

• En el proceso de pagos de gananciales a un trabajador que dependan para su cálculo del sueldo base, pudiera modificarse temporalmente esa base y en consecuencia alterar el pago de esos gananciales.

• En el proceso de ventas, pudiera cambiarse puntualmente para uno o varios clientes la condición de porcentaje de descuento o la condición de plazo de cobro o la de tipo de cliente o la dirección de envío de la mercancía o cualquier otro valor que represente una ventaja para el cliente y beneficiarse al cliente o peor aún, beneficiar a otro tercero sin el conocimiento del cliente verdadero y posteriormente de efectuada esa transacción restituir en el archivo maestro la data original de ese cliente.

Un caso en específico, puede ser un cliente que goce de descuento importante en su compra por la trayectoria que dentro de la empresa haya tenido que le ha hecho ganar ese beneficio, o que para pertenecer a la cartera de clientes de la empresa las exigencias que se demandan hace que hayan muchos que no puedan calificar o que el tiempo de espera para estar en esa cartera de clientes no está dentro de las expectativas del potencial comprador, entonces puede este tercero confabularse con personal interno de la empresa y lograr que se utilice el nombre de otro cliente para hacerse de la mercancía que desea, es decir facturar con el nombre de otro cliente, paga la factura, sin embargo, la mercancía jamás llega al verdadero cliente, porque puntualmente se le cambió la dirección de envío de la mercancía u otro dato que permita que ese fraude se realice.

• En un proceso de despachos de productos donde el sistema requiere buscar en una base de datos el valor de referencia al que corresponda una medida en particular para determinar el nivel del volumen, bastaría con que en el archivo maestro se modifique puntual y eventualmente el valor de referencia para que el cálculo del volumen recibido o almacenado o despachado se vea completamente afectado.

• Dentro de este ejemplo tenemos volúmenes almacenados en tanques, cuya relación nivel-volumen está certificada en una tabla de calibración individual y única para ese tanque. La información de esas tablas de calibración en la mayoría de las empresas que tienen automatizados sus procesos de inventarios, forma parte de los archivos maestros de sus procesos de control de entrada, almacenaje y despacho.

• En un proceso de facturación, pudiera cambiarse el precio de "n" cantidad de productos y beneficiar puntualmente a "n" cantidad de clientes y luego restituir en el archivo maestro, el precio del ítem o ítems afectados intencionalmente.

Existe otra infinidad de ejemplos, que las mentes creativas de quienes se ven tentados a cometer fraudes, estafas contra la empresa u organización, pudieran realizar y no ser nunca u oportunamente detectados y conllevar a grandes pérdidas a la organización o empresa, por ello es importante, que toda auditoría interna, por muy sencilla que sea que involucre data que ha sido procesada en cualquier tipo de sistema automatizado, debe contemplar la revisión del control interno sobre los cambios que se estén dando en los respectivos archivos maestros.

SISTEMAS DE INFORMACIÓN, MEDICIÓN E INFORMES

Todo sistema de control interno, para que esté completo requiere de **registros** que permitan la trazabilidad de sus procesos, hechos y actividades, así como los mecanismos que le permitan **medir** si los objetivos y metas trazados se están alcanzando, y por otro lado, la emisión de **informes** a través de los cuales se den a conocer los resultados financieros, administrativos y operacionales del ente a controlar, de tal forma que permita la toma oportuna de decisiones.

Dentro de este pilar del sistema de control interno, las mejores prácticas profesionales coinciden que son tres los elementos que lo conforman:

• Sistemas de Información
• Medición

- Informes

La complejidad, sencillez, sofisticación de los sistemas de información que se seleccionen, dependerá de tres factores:

- El primero: la importancia que le dé el nivel jerárquico más alto de la organización,

- El segundo: de los recursos económicos con los que se cuente y

- El tercero: de la evaluación de la relación costo-beneficio de su implantación.

SISTEMAS DE INFORMACIÓN

La trazabilidad de los procesos, hechos, actividades que se realizan y las transacciones que los mismos generan, es una necesidad, que puede variar, dependiendo su objetivo (administrativo, financiero, operativo, legal, técnico, etcétera), a tal efecto se deben establecer los sistemas manuales o automatizados que garanticen que los mismos se realicen con el mayor nivel de precisión posible y sus resultados se obtengan con la oportunidad deseada.

El avance acelerado de la tecnología, permite que la forma de evidenciar esa trazabilidad, requiera menor intervención manual y menos utilización de espacios para conservar grandes cantidades de documentos físicos, porque han sido reemplazados por información que se genera y conserva electrónicamente, digitalmente, a tal efecto las legislaciones en muchos países del mundo han estado facilitando que la misma se realice de esa forma.

Independiente de la forma, en que se decida recabar, registrar, procesar, conservar, divulgar datos e información sobre las transacciones que generan los procesos, hechos, actividades que se realizan, **deben existir los registros que permitan evidenciarlos, sustentarlos**. Legalmente se establecen obligaciones sobre el tiempo en que la información debe ser conservada, en este sentido los sistemas de información de cada organización deben ajustarse a las exigencias legales del entorno donde se desenvuelva.

Los sistemas de información son conjuntos de partes o elementos organizados y relacionados que interactúan entre sí para lograr un objetivo. A nivel de una organización, son estructuras lógicas pre-diseñadas, ya sean físicas, digitales o electrónicas, que reciben del ambiente **entradas** (datos, bienes, insumos, energía, materia, etcétera), los **procesan** (organizan, almacenan, modifican) y proveen una **salida** (información, productos o resultados esperados).

A nivel organizacional las entradas que se reciben van desde las transacciones y actividades documentales, hasta las operativas, las de bienes, las de obras, las de servicios, etcétera.

Todo aquello que dentro de la organización requiera ser salvaguardado, contado, valuado y que sea repetitivo, frecuente y constante en el tiempo, requiere de un sistema que lo organice, procese, registre, almacene y monitoree.

Todo sistema que se establezca debe estar alineado directamente con los procesos, actividades, operaciones financieras, administrativas y operacionales propios de la organización y que le permitan el logro de las metas y objetivos trazados.

Fuente de información: http://www.uhu.es/cine.educacion/didactica/0012sistemas.htm

MEDICIÓN

Toda organización independientemente de su tamaño, sencillez, complejidad, cultura, sistema político, social, económico, etcétera, como condición sine qua non para lograr su éxito, requiere que dentro de sus procesos de control interno estén contemplados mecanismos de medición.

La medición como aspecto dentro del sistema de control interno, va más allá de la definición simple de esa palabra que contempla comparar algo con un patrón ya prestablecido, porque para que sea un elemento que ayude al éxito en la organización, los resultados que se obtengan de ella deben generar acciones que impliquen mantener, disminuir o incrementar los esfuerzos que se estén realizando.

Pero te estarás preguntando, ¿qué es lo que hay que medir para alcanzar el éxito deseado?

Respuesta:

Los esfuerzos realizados (inversión de capital y tiempo) versus las realizaciones obtenidas (los logros).

El capital al que se hace referencia en el párrafo anterior, dependerá de qué es lo que se ha invertido.

Para entender mejor esa respuesta tan corta, los esfuerzos realizados tienen que estar atados directamente con los objetivos trazados y las metas que se desean alcanzar en un determinado período de tiempo, el proceso de medición ayuda a establecer de antemano los márgenes de tolerancia razonables y aceptables de las realizaciones obtenidas, todo fuera de ello, significan desviaciones importantes que deben ser alertadas y corregidas oportunamente para que no perjudique sobremanera el logro de los objetivos y metas.

Dentro de los parámetros de medición, es importante:

• En el establecimiento de los indicadores, tener el cuidado y la precisión en su selección, porque además de que deben estar en línea directa con los objetivos y las metas, deben suministrar información clara y relevante del proceso, y facilitar la presentación visual de los resultados que conlleve a la toma oportuna de decisiones.

• Indicar la frecuencia de la medición.

• Tener claramente definido cómo se obtendrá el indicador (fórmula del cálculo).

• Que el indicador sea verificable, cuantificable, medible.

• Indicar margen de tolerancia aceptado (brechas) entre lo real y lo planificado.

• El método seleccionado sea confiable.

• Los valores medidos y recolectados queden registrados en una base de datos que sustenten los resultados.

• La medición tenga identificado a los responsables de su ejecución.

• Establecer los medios para que se canalicen los resultados de la medición y lleguen oportunamente a los niveles supervisorios, gerenciales o de dirección que tengan la potestad en la toma de decisiones.

• Que los resultados fuera de los márgenes de tolerancia, tengan de hecho una decisión de toma de acciones.

• Que haya seguimiento al resultado de las acciones tomadas.

El instrumento que se utilice para la recolección de datos, variará siempre dependiendo del dato a recolectar.

Las formas para mostrar los resultados de los procesos de medición también dependerán de lo que se quiera mostrar. Dentro de ellos tenemos:

- Estadísticas
- Análisis de tendencias
- Informes de gestión
- Gráficas

Es importante resaltar que la medición ayuda directamente al proceso de rendición de cuentas de la gestión de la organización.

A continuación se muestran algunos ejemplos de mediciones como parte de un sistema de control interno:

CASO 1
INDICADORES PARA EL RECURSO HUMANO

• Participación del costo de RRHH en el costo total del servicio= costo de RRHH en el período evaluado dividido entre el costo total del período y multiplicarlo por 100.

• Distribución del RRHH por área geográfica= cantidad de personas por área específica en el período evaluado dividido entre la cantidad total de personas vinculadas en ese período y, el resultado multiplicarlo por 100.

• Nivel de Ausentismo laboral= número de horas de ausentismo en el período evaluado dividido entre el número total de horas hombre del período evaluado y, el resultado multiplicarlo por 100.

• Nivel de accidentes laborales= cantidad de accidentes laborales en el período evaluado, dividido entre la cantidad total de personas que laboraron en ese mismo período y, el resultado multiplicarlo por 100.

• Nivel de enfermedades profesionales= cantidad de horas de suspensión por enfermedad en el período evaluado, entre la cantidad total de horas hombre pagadas en ese mismo período y, el resultado multiplicarlo por 100.

• Porcentaje de horas de formación del personal= cantidad total de horas de formación en el período evaluado entre el total de horas hombre del período evaluado, y el resultado multiplicarlo por 100.

• Promedio de antigüedad laboral de la nómina de trabajadores con cargos de dirección= cantidad total de años de trabajo de la nómina de trabajadores evaluados, entre la cantidad total de esos trabajadores, y el resultado multiplicarlo por 100.

Fuente de información: http://www.scielo.org.ve/img/fbpe/rcs/v13n3/art06cua2.gif

CASO 2
INDICADORES DE GESTIÓN EN PRODUCCIÓN

• Capacidad de producción utilizada= capacidad utilizada dividida entre la capacidad disponible, y el resultado multiplicarlo por 100.

• Niveles de rendimiento = Nivel de producción real dividido entre el nivel de producción esperado, y el resultado multiplicarlo por 100.

• Nivel de productividad= Valor real de la producción entre el valor esperado de la producción, y el resultado multiplicarlo por 100.

• Nivel de productos defectuosos= cantidad de productos defectuosos en el período evaluado entre producción total en ese período.

- Nivel de productos defectuosos en exceso del límite permitido = Cantidad de productos defectuosos por encima del nivel permitido en el período evaluado dividido entre la frecuencia medida (día, semana, mes, trimestre, semestre).

Fuentes de información: http://www.catalogodelogistica.com/documenta/contenido/109612/Indicadores-de-gestion-por-ingenieria-GRANDE.fw.png. y https://www.pdcahome.com/wp-content/uploads/2013/05/grafica-indicador.png

En los siguientes links podemos observar otros ejemplos de indicadores de gestión

http://1.bp.blogspot.com/_eL_me9bK_tk/TMy7h8S2Q0I/AAAAAAAAAKE/O9mLmuZKd60/s1600/Indicadores-metas.jpg

http://indicabsc.weebly.com/construccioacuten-de-indicadores.html

https://www.esan.edu.pe/conexion/bloggers/2015/05/11/grafica_tablero_gestion_1.png

https://isoscorecard.files.wordpress.com/2016/12/ficha-4.png?w=900

https://www.pdcahome.com/wp-content/uploads/2013/05/tabla-indicador.png

http://www.revistaespacios.com/a12v33n07/13-f05.jpg

https://i.pinimg.com/originals/bd/0d/c7/bd0dc7ed92902d643feb63220a3cb963.jpg

http://www.sielocal.com/uploads/articles/562/content/images/F%C3%B3rmulas%20Indice%20Cumplimiento%20Pagos.png

Como podemos observar, de todo lo antes expuesto, que existe una gran variedad de indicadores de gestión y de formas de presentarlos, no obstante, todos ellos siempre dependerán de qué es lo que se quiere medir, monitorear atado siempre a los objetivos y metas y dentro de un período de tiempo determinado.

Todos los indicadores deben apuntar a un objetivo principal que es monitorear, vigilar los procesos, donde la relevancia de su uso, es la toma oportuna de acciones correctivas de aquello que atente al logro de los objetivos y metas.

Por último, como un aparte importante del proceso de medición como un elemento importante del sistema de control interno, les sirve a los responsables de los procesos en la rendición de cuentas a sus niveles superiores.

INFORMES

Los informes son los mecanismos a través de los cuales se muestran los resultados obtenidos de las actividades de recolección y procesamiento de la información financiera, administrativa y operacional, registradas a través de los sistemas manuales, electrónicos o digitales implantados.

El contenido de los informes y sus frecuencias, dependerá de los diseños que se hayan seleccionado e implantado.

Todo Sistema de Control, para que finalmente pueda estar completo, requiere del establecimiento de informes que reflejen la información de los resultados financieros, operacionales, administrativos del ente a controlar, de tal forma que permita la toma asertiva y oportuna de decisiones.

CUESTIONARIO PARA EVALUACIÓN SISTEMAS DE INFORMACIÓN, MEDICIÓN E INFORMES

En las siguientes páginas se presenta un cuestionario sugerido que puede ser aplicado en cualquier organización o empresa, para evaluar este cuarto pilar del Sistema de Control Interno "Sistemas de Información, Medición, Informes"

Para cada pregunta que se muestra en el siguiente cuestionario, debe haber obligatoriamente una respuesta sí o no, e independientemente del tipo de respuesta sí o no, también es obligatorio ahondarla con comentarios e indicar claramente cómo queda la trazabilidad dentro de los registros de lo expuesto en cada comentario. Por otra parte, por cada respuesta se debe indicar si el aspecto será o no evaluado, en caso de ser positiva la respuesta, debe exponer los tipos de pruebas que realizará al respecto, y dejar referencias de donde quedan documentadas tanto las pruebas como sus resultados.

CUESTIONARIO PARA LA EVALUACIÓN DE SISTEMAS DE INFORMACIÓN, MEDICIÓN E INFORMES

PARTE 1
SISTEMAS DE INFORMACIÓN

1.1 ¿Existen los registros que permitan evidenciar y sustentar los procesos, datos e información sobre los hechos, actividades que se realizan?

1.2 En caso que sea negativa su respuesta, indique cuales son las consecuencias de esta ausencia. En caso que la respuesta sea afirmativa continuar con las siguientes preguntas.

1.3 Liste cuáles son esos registros, su nombre y que tipo de información almacenan.

1.4 Indique que tipo de registros son, físicos (documentos), electrónicos (ambientes de procesamiento electrónico de datos), digitales. Detalle cada uno de los casos.

1.5 ¿Se han establecido normas y procedimientos para que la información y documentación que sustenta lo contenido en esos archivos se almacene y se conserve? En caso de ser negativa su respuesta indique cuales son las consecuencias de esta ausencia. Y si es positiva su respuesta continúe con las siguientes preguntas.

1.6 Detalle cuáles son esas normas y procedimientos y en forma breve resuma su contenido.

1.7 ¿El sitio donde se conservan esos archivos es el más apropiado en cuanto a su conservación y custodia? De ser positiva su respuesta, detalle como es esa conservación y custodia?

1.8 ¿El tiempo de conservación de los archivos está acorde con las exigencias legales que existen sobre los mismos?

1.9 ¿Los sistemas de información que se utilizan para procesar, organizar, almacenar data, están fundamentados en estructuras lógicas apropiadas que permitan el logro de los objetivos y metas de la organización?

Si su respuesta es positiva, exponga detalles que lo sustenten. En caso que la respuesta sea negativa, indique en que fundamenta su respuesta y las consecuencias que implica que esa estructura lógica no permita el logro de los objetivos y metas.

1.10 ¿Los sistemas de información existentes permiten que se organice, procese, registre, almacene y monitoree, todo aquello que dentro de la organización requiera ser salvaguardado, contado, valuado y que sea repetitivo, frecuente y constante en el tiempo?

Si su respuesta es positiva sea explicito con su respuesta, en caso que sea negativa su respuesta, indique cuáles son esas brechas y sus consecuencias

PARTE 2
MEDICIÓN

2.1 ¿Se han establecidos indicadores para la medición del cumplimiento de los planes? Si es negativa su respuesta indique cuáles serían las consecuencias y como han impactado el logro de los objetivos y metas. Si es positiva su respuesta, responda las siguientes preguntas:

2.2 En el establecimiento de los indicadores:

2.2.1 ¿Se tuvo el cuidado y la precisión en su selección?

2.2.2 ¿Están en línea directa con los objetivos y las metas?

2.2.3 ¿Suministran información clara y relevante del proceso?

2.2.4 ¿Facilitan la presentación visual de los resultados que conlleve a la toma oportuna de decisiones?

2.2.5 ¿Indican la frecuencia de la medición?

2.2.6 ¿Está claramente definido cómo se obtendrá el indicador (fórmula del cálculo)?

2.2.7 ¿Son verificables, cuantificables, medibles?

2.2.8 ¿Indican el margen de tolerancia aceptado (brechas) entre lo real y lo planificado?

2.2.9 ¿El método seleccionado es confiable?

2.3 ¿Los valores medidos y recolectados quedan registrados en una base de datos que sustenten los resultados?

2.4 ¿La medición tiene identificado a los responsables de su ejecución?

2.5 ¿Se han establecido los medios para que se canalicen los resultados de la medición y lleguen oportunamente a los niveles supervisores, gerenciales o de dirección que tienen la potestad en la toma de decisiones. Si su respuesta es negativa, indique las consecuencias. Si su respuesta es positiva, continúe con las siguientes preguntas.

2.5.1 Detalle cómo se evidencia esa canalización.

2.5.2 ¿Cómo se evidencia la información oportuna a los niveles de dirección?

2.5.3 ¿Los resultados fuera de los márgenes de tolerancia, tienen de hecho una decisión de toma de acciones? Si es negativa su respuesta indique las consecuencias, y si es positiva la respuesta continúe con la pregunta siguiente.

2.5.4 ¿Se evidencia el seguimiento al resultado de las acciones tomadas? Si su respuesta es negativa, indique las consecuencias, y si es positiva indique cono se evidencia ese seguimiento.

PARTE 3
INFORMES

3.1 ¿Existen informes a través de los cuales se muestren los resultados obtenidos de las actividades de recolección y procesamiento de la información financiera, administrativa y operacional?

3.1.1 Si es negativa su respuesta a la pregunta 3.1 indique las consecuencias de esa ausencia

3.1.2 De ser positiva su respuesta a la pregunta 3.1, continúe con las preguntas siguientes

3.2 ¿Cuáles son los nombres de esos informes y que tipo de información presentan?

3.3 ¿Esos informes permiten mostrar de manera efectiva y eficiente los resultados obtenidos de las actividades de recolección y procesamiento de la información financiera, administrativa y operacional?

3.3.1 De ser negativa su respuesta a la pregunta 3.3 explique el por qué y sus consecuencias

3.3.2 Si es positiva su respuesta a la pregunta 3.3, continúe con las siguientes preguntas

3.4 ¿Los informes reflejen la información de los resultados financieros, operacionales, administrativos del ente a controlar?. Si es negativa su respuesta indique las consecuencias de esa ausencia, si es positiva la respuesta indique en que fundamente su respuesta.

3.5 ¿El contenido de los informes permite la toma asertiva y oportuna de decisiones? Si es negativa su respuesta indique las consecuencias de esa ausencia, si es positiva la respuesta indique en que fundamente su respuesta.

3.6 ¿La frecuencia con la que se generan esos informes es la más apropiada para el control, seguimiento y toma de acciones correctivas oportunas? Si es negativa su respuesta indique las consecuencias de esa ausencia, si es positiva la respuesta indique en que fundamente su respuesta.

FIN DEL CUESTIONARIO

EVALUACIÓN DE LOS RIESGOS

Cada control que se establezca debe estar en línea directa a cubrir un riesgo inherente específico.

El riesgo inherente, es el que está asociado de forma directa o indirecta con la actividad, trabajo o proceso en sí mismo y debe ser tomado como condición "sine qua non" en la formulación y establecimiento de cada proceso o actividad de control interno.

A tal efecto, de todos los aspectos estudiados en los otros 4 pilares fundamentales del sistema de control interno, cada uno de los elementos que lo conforman está fundamentado en la consideración del riesgo de error o la probabilidad de fraude que pudiera existir dentro de cada uno de ellos.

En el capítulo 2, se desarrolló ampliamente los diferentes aspectos a ser considerados en la evaluación de los riesgos o las probabilidades de errores sustanciales en los registros.

CAPITULO 5 -EVALUACION DEL SISTEMA DE CONTROL INTERNO

En el capítulo anterior, estudiamos en detalle los componentes que debe poseer un adecuado Sistema de Control Interno, y vimos que para los pilares correspondientes al Ambiente de Control, Estructura de Control y Sistemas de Información, Medición e Informes, se pueden aplicar unos cuestionarios que en esencia son estándar para todas las organizaciones, pero para sus otros 2 componentes, como lo son "Actividades de Control", así como de los "Riesgos Inherentes", no observamos aún información que nos sirva de guía para poder evaluarlos, la respuesta es, porque la forma de su evaluación, sólo podrá ser realizado a través de técnicas de análisis de procesos, que comprenden dos aspectos fundamentales:

• El primero, a través de diagramas que permitan visualizar de forma detallada el flujo de información que se va generando y los procesos que se van realizando con las mismas. Es lo que se conoce como Diagramas de Flujo o Flujogramas.

• El segundo, a través de técnicas de análisis de riesgos, mediante la elaboración de matrices de riesgos y controles.

A continuación desarrollaremos las metodologías para ambas.

DIAGRAMAS DE FLUJO O FLUJOGRAMAS

TÉCNICAS PARA LA ELABORACIÓN DE DIAGRAMAS DE FLUJO O FLUJOGRAMAS

Como sana política para cualquier gestión de auditoría, tanto interna como externa, así como para todas aquellas unidades o departamentos de control de cualquier índole, la técnica recomendada para realizar un adecuado estudio y evaluación de los procesos, es a través de la diagramación del flujo de información de esos procesos.

Pero, esos flujogramas requieren que se den detalles de cómo se realizan los procesos, tal cual como si fuera una receta de cocina, en donde además de ser importantes cada uno de sus ingredientes, es bien importante especificar el paso a paso en la preparación y cocción, porque cualquier detalle que se omita o se coloque en un orden inapropiado al escribir la receta, incide en el resultado final, así mismo, debe ser la flujogramación de los procesos a efectos del estudio y evaluación de sus riesgos inherentes y controles. Es importante que previo a su elaboración, se tengan en paralelo las normas y procedimientos que regulan los procesos a ser evaluados así como la estructura organizativa, de tal forma de ser parte del insumo del cual debe tener conocimiento de su contenido el auditor.

El proceso de elaboración de ese flujograma requiere de tiempo y disciplina, pero que bien vale la pena cada minuto que en él se invierte, por los frutos que se obtienen y la economía del tiempo y la eficiencia en todas las fases de la auditoría, desde la planificación, trabajo de campo y la preparación del informe final.

Muchos auditores obvian de sus revisiones la preparación de los flujogramas para la evaluación del control interno, consideran que no tienen importancia, y que es algo más de relleno que deben colocar dentro de sus expedientes o papeles de trabajo de su auditoría, como parte de las exigencias internas, en su lugar, prefieren buscar las normas y procedimientos de los procesos, los flujogramas de procesos que tengan los auditados, y llegan hasta allí para realizar sus programas de revisión de auditoría, y bajo ningún concepto proceden en ir a validar los contenidos de esas informaciones con los protagonistas reales de esos procesos.

Muchos auditores, no hacen o no validan los flujogramas de los procesos a auditar, por una sencilla razón, por miedo a preguntar y pasar por ignorantes ante sus auditados o peor aún, ante sus compañeros de trabajo, es decir, de los otros auditores.

Y es aquí donde empieza el peor error que puede cometer cualquier auditor, empezar a ciegas y terminar a ciegas su auditoría.

En otras ocasiones los auditores creen encontrar más fácilmente la cosa para realizar sus trabajos de auditoría, y es cuando existen papeles de trabajo de auditorías anteriores o de revisiones con procesos similares, que ya tienen los organigramas, las descripciones de puestos, los flujogramas de los procesos, las matrices de riesgos y controles y mejor aún, los programas de auditoría. Pero, hey! amigo auditor, levántese de la comodidad de su escritorio, salga de su oficina, porque independientemente que usted encuentre esa información, usted necesitará validar si esa información aún sigue vigente.

La mejor excusa que siempre ponen todos los auditores para no hacer el flujograma o no validar lo que hicieron los auditores predecesores, e inclusive los mandatos de sus propios jefes, es que "eso quita demasiado tiempo", pero cuan equivocados están, porque es la única forma en que un auditor camine con pasos seguros y lo mejor de todo aproveche al máximo el tiempo de su auditoría, porque desde la misma elaboración del flujograma, se dará cuenta que empiezan a brotar, como lo hace el agua de un manantial, todas las fortalezas y brechas de control de los procesos a auditar, y que si lo hace, solo necesitará enfocar sus pruebas de forma bien directa para sustentar sus hallazgos.

La ventaja que tiene un auditor con el auditado, es que puede preguntar todo lo que quiera y pedir todo lo que quiera, y si hay información de auditores predecesores, pues tiene una ventaja, que ya no partirá de cero, pero el auditor siempre, aunque haya participado en la auditoría anterior, en ésa donde están los papeles con mucha información para preparar la planificación de su auditoría, siempre tiene que ir al campo de acción, es decir adonde están los auditados, para validar la vigencia de esa data. Un auditor que ha ido a realizar la misma auditoría por varios años consecutivos, jamás debe tomar a la ligera, el quedarse con la información de la auditoría anterior, siempre encontrará algo nuevo y siempre aprenderá cosas nuevas o las verá de una manera distinta. Es tanto así, que cuando se está terminando cada auditoría, el auditor descubre que habían mejores formas de haber realizado su revisión que le hubieran permitido llegar más rápido y de forma más efectiva al mismo sitio donde está parado.

Para preguntar, el auditor necesita técnica y aquí le voy a detallar cual es la técnica que debe desarrollar para levantar, recolectar información para hacer el flujograma que necesita, para realizar su auditoría con pasos firmes y seguros y al terminar la auditoría sentir la satisfacción que puede ocupar el puesto del gerente de la organización que estaba auditando. De esa forma se mide, si el auditor ha realizado con pasos seguros su auditoría, cuando al final de cada una de ellas, conoce con firmeza los procesos auditados.

TÉCNICAS DE LAS ENTREVISTAS PARA PREPARAR FLUJOGRAMAS DE PROCESOS

La técnica para levantar la información que se requiere para elaborar el flujograma, es la técnica del policía cuando llega al sitio donde ha ocurrido el evento delictivo. El policía empieza siempre por el último hecho, es decir el hecho más reciente, y de allí va atando sus entrevistas en secuencia regresiva, que le permitirán posteriormente la reconstrucción de los hechos.

Muy importante, que siempre antes de empezar la serie de entrevistas, se debe haber solicitado los organigramas, las descripciones de puestos, las normas y procedimientos y leerlos, para ayudarse a ubicar con el vocabulario y con el contexto a auditar, y de esa forma las palabras o conceptos que desconozca o no le sean familiares, poder ubicarlas en el diccionario, o buscar mayor información en internet, de tal forma que al realizar la primera entrevista para recolección de información para el flujograma, no se vaya en cero.

Si usted va realizar una auditoría de cobranzas, debe por lo menos saber que es una factura, un despacho, un almacén, una orden de entrega, contado, crédito, qué es venta. Porque los auditores internos, tienen una gran diferencia con los auditores externos, es que son de múltiples disciplinas, profesiones o especialidades. Así que puede que a un ingeniero químico se le haya asignado una auditoría de cuentas por cobrar, y no tiene la menor idea de esos conceptos.

Si va a realizar una auditoría de ventas de productos, debe al menos tener previamente un listado de los productos que conformarán las ventas, saber de qué forma se realiza el despacho de ellas al mayor o al detal, si es por camiones, barcos, aviones, si son ventas nacionales o de exportación. Debe estar claro con ese contexto.

Es como el que va a ver un partido de futbol, no necesita saber jugar para comprender sus términos, como ejemplo: gol, tiempos del partido, lo que representa el jugador con la franela identificada con el número 10 y que la pelota se juega con los pies, por qué los jugadores tienen diferentes colores sus franelas, inclusive dentro del mismo equipo, donde siempre hay uno que está vestido de un color distinto al resto de los compañeros del mismo equipo.

Imprescindible, recordar que debe mantenerse siempre presente, cual es el objetivo y el alcance de la revisión de auditoría, es necesario tener fijos y claros esos límites, porque de lo contrario, se va a perder en el camino y entrará en un bosque del cual no hallará la salida.

Si es un auditor externo, es muy fácil la elaboración del flujograma, porque además de que su profesión es afín a los procesos a auditar, partirá siempre de los estados Financieros que le entregó en primer lugar el cliente, luego por cada cuenta o conjunto de cuentas, ubicará quien es el responsable de la contabilidad de la cuenta, y desde allí empezará a levantar los pasos en secuencia lógica y cronológica que en esa sección, gerencia o departamento hacen y quienes lo hacen para obtener la cifra que está en los estados financieros que le entregaron, lo más importante que en esa unidad de contabilidad, le dirán de donde y de quien se recibió esa información, así que ya le están dando el tercer eslabón en la construcción de la serie de eventos que necesita conocer, recolectar, así continuará buscando el cuarto eslabón hasta que llegue al del origen, y aquí vemos que todas las entrevistas están siendo realizadas con una secuencia en reversa.

Cuando esté realizando sus entrevistas, si no entiende lo que le están diciendo, no se preocupe, que hasta los más expertos y conocedores de esta técnica, siempre se mantienen preguntando y repreguntando, y hasta el más experto, una vez que arma su flujograma de proceso, volverá por lo menos hasta tres veces con la misma persona para revisar, validar y preguntar detalles del borrador del flujograma que está elaborando. Porque es lógico, que siempre se omiten aspectos en la primera entrevista, que los completará en la segunda entrevista, pero que tal vez su flujograma, requiera hasta al menos tres o más validaciones hasta quedar con el nivel de detalles que usted requiere para los efectos de análisis y evaluación de los riesgos y controles, y hasta sus auditados le agradecerán su elaboración porque les permitirá hacerle ver a sus superiores las "n" diversas necesidades que requieren en su organización.

Solo cuando los procesos se presentan en un flujograma es cuando el mismo auditor, empieza a detectar que hay detalles que parecen haberse omitido y que al irlos a validar con el auditado entrevistado, le confirmará sobre su omisión cuando levantó el proceso o que de hecho no existen, entonces es allí cuando empiezan a brotar como lo hace el agua de un manantial, las brechas de control o hasta excesos de controles dentro de los procesos.

Finalmente, una vez completado el proceso de elaboración y validación de su flujograma, debe darlo a conocer formalmente a las personas que le prestaron el apoyo con lo cual le da validez a su contenido.

Acuérdese siempre, que usted está en todo su derecho de preguntar y los que está auditando tienen el deber y la obligación de atenderle. Lo otro, es que cuando usted está levantando la información la primera vez, si no lo quieren atender, usted fácilmente les dirá que se sentará, se parará o caminará a su lado para observar como realiza el proceso, para así evitar perturbarles lo menos posible la ejecución de sus labores. Recordemos que a los auditores, la mayoría de la gente le pone las cosas difíciles y siempre dicen que están apurados y que no pueden parar el proceso para atenderlos. Así que, para usted mucho mejor, porque usted se les sentará o se les parará al lado, y para donde vayan usted les seguirá, porque usted necesita conocer y comprender en vivo, como es que realizan su labor.

El auditor que permanece dentro de su oficina y no se mueve de su escritorio a entrevistar a sus auditados, para conocer el proceso y evaluarlo y realizar de esa forma su programa de auditoría, es el auditor que siempre andará perdido e inseguro, desde que inicia hasta que termina la auditoría, y así seguirá su camino y repetirá los mismos errores en todas las auditorías subsiguientes, y es ése el tipo de auditor que en cada auditoría va ganando y sumando por doquier enemigos, porque donde fue, no contribuyó a mejorar los procesos sino a destruir lo poco bueno que allí había.

Para todas las auditorías internas, siempre se designa a un punto focal, para que sea a través de esa persona, que el auditor centralice todo el requerimiento de información y le facilite las entrevistas que requiera realizar.

Un tip importante, en toda elaboración de flujogramas, es que en primer lugar las primeras entrevistas se realizan con las personas que tienen la visión general del proceso, pero que no son las ejecutoras de dichos procesos, sino los gerentes o los supervisores. Es siempre bien recomendable, tener esa primera entrevista del proceso a evaluar con las personas de ese nivel, porque le darán una visión general del proceso, así como le dirán palabras específicas del proceso que en la mayoría de los casos usted desconoce.

Por lo general cuando se hacen las entrevistas con las personas que tienen el nivel alto, la versión de sus hechos o mejor dicho, la descripción de los procesos, lo harán desde el origen del proceso hasta el final, permítales a ellos, realizar su narrativa como más cómodos se sientan, de todas formas las entrevistas a este nivel, solo le permitirán a usted como auditor poderse ubicar de forma general en el contexto, trate de tomar el mayor detalle posible de lo que estas personas le narren. No se atreva jamás llevar una grabadora y mucho menos grabarlos sin que se den cuenta, porque las personas por lo general sienten que eso las compromete demasiados, aunque sean personas integras desde todo punto de vista ético, moral, etcétera.

Jamás pierda de vista, que solo a través de las entrevistas particulares a los protagonistas de los sucesos, es como usted podrá obtener el detalle que requiere para poder hacer su revisión de auditoría.

¿Pero cuál es la mejor técnica para realizar las entrevistas y realizar los flujogramas con eficacia y eficiencia, es decir con la calidad deseada y en el menor tiempo posible?

La técnica apropiada para realizar las entrevistas por un auditor, debe ser la que utiliza el policía para la reconstrucción de hechos delictivos.

El policía cuando llega al lugar del suceso, inicia desde allí su proceso de preguntas y recopilación de datos y continúa así en secuencia regresiva hasta que logra llegar al origen del hecho. Una vez que el policía, ha recabado toda la información que lo llevó a descubrir todo el proceso realizado por el o los delincuentes, empieza a narrar como sucedieron los hechos como una película, desde su inicio hasta el desenlace fatídico. Y es así, como usted empezará a realizar el flujograma, a narrar los hechos desde el inicio hasta el final.

Pero se preguntará, ¿el por qué hay que utilizar la técnica ésa del policía? La respuesta es simple, si usted empieza a realizar el proceso de entrevistas desde un punto específico del origen, se le abrirán tantas vertientes que no sabrá a quien deberá realizarle la segunda entrevista y mucho menos la tercera, y no sabrá de qué forma llegar hasta donde realmente debería.

Éso es como el caso de una fruta en la copa de un árbol copioso, será bien difícil saber cuál es la ruta desde la raíz del árbol, entre tronco y rama y rama, hasta esa fruta específica, si se empieza desde la raíz, pero, si empezamos a analizarlo, desde donde se encuentra esa fruta específica e ir marcando con pintura en secuencia hacia abajo de donde proviene, podremos fácilmente luego ver toda la ruta desde la raíz hasta donde ella se encuentra en la copa del árbol. Así igualmente, es la técnica de levantar información para elaborar los flujogramas.

TÉCNICAS DE DIAGRAMACIÓN

Las técnicas para la elaboración de diagramas de flujo o flujogramas, establecen ciertos parámetros que deben cumplirse siempre independientemente del diseño que se seleccione:

• Los procesos deben representarse gráficamente, describirse en forma narrativa y en la secuencia en que ellos realmente ocurren. Para ello deben utilizarse símbolos y líneas de flujo.

Los símbolos se utilizan para representar los eventos y en su cuerpo la narrativa para describir el evento "per se". Es obligatorio al inicio de cada flujograma mostrar los símbolos a utilizar y definir el uso que se le dará a cada una de ellos, lo cual permitirá al lector la comprensión de los procesos, hechos, procedimientos que se desean representar gráficamente.

Las líneas de flujo, son las uniones entre un símbolo y otro y deben indicar flechas que permitan visualizar la dirección de las mismas, o de lo contrario definir al inicio del flujograma cuál será la lógica de su lectura. Por ejemplo, si no se quieren utilizar flechas, se puede indicar al inicio del flujograma que las líneas de flujo van de arriba hacia abajo y de izquierda a derecha excepto que una flecha indique lo contrario.

Si se utilizan diferentes líneas de flujo, las mismas al igual que con los símbolos, deben mostrarse y describir su uso.

• Deben utilizarse columnas o divisiones que permitan visualizar que se trata de distintas divisiones, gerencias, departamentos, secciones o unidades involucradas.

Dentro de cada una de esas columnas deben hacerse subdivisiones con la indicación del cargo de la persona que ejecuta el procedimiento (tenga presente siempre que es el cargo dentro de la estructura organizativa, jamás el nombre de la persona).

• El símbolo correspondiente a cada copia o ejemplar de un documento cuando de éste se generen varios ejemplares, deben enumerarse o identificarse de alguna forma, todo ello por la trazabilidad de los mismos que se deben dejar evidenciados dentro del flujograma. Habrán casos en que la disposición de todos los ejemplares de los documentos, no sean del interés de la narrativa de los procesos que se están describiendo, no obstante a ello, es necesario indicar la disposición de cada uno ellos, porque puede o no que tenga que describirse su procesamiento posterior.

• La narrativa debe ser breve y clara, se puede lograr comenzando cada oración con un verbo, por ejemplo: "suma", "revisa", "compara", "firma", "aprueba". Para facilitar la comprensión de la narrativa, y respetar el tamaño de los símbolos que representan los procesos, la técnica de diagramación permite que utilizando el símbolo de notas, comentarios, se agregue información valiosa sobre el respectivo proceso.

MATRICES DE RIESGOS Y CONTROLES

TÉCNICAS PARA ELABORACIÓN DE MATRICES DE RIESGOS Y CONTROLES

Para la evaluación del tercer componente del Sistema de Control Interno, Actividades de Control, se recomienda la utilización de matrices de riesgos y controles.

Las matrices de riesgos y controles tienen una particularidad en su llenado, la mayoría de las personas comienzan con la definición de los riesgos y luego proceden a buscar dentro de los procesos objetos de evaluación cuáles son los controles que mitigan la ocurrencia de esos riesgos y/o las brechas de control en el caso que no exista ningún control que así los mitigue. Mi experiencia me ha demostrado que la mejor forma de llenado de cualquier matriz de riesgos y controles, es que una vez se tenga el (los) flujograma(s) del(os) proceso(s) a evaluar, identificar dentro de ese (esos) flujograma(s) los 7 aspectos puntuales de control que se expusieron dentro del capítulo 4 para evaluar el tercer pilar del Sistema de Control Interno, es decir, el correspondiente a "Actividades de Control". Recordemos que son:

1. Controles de Población
2. Controles de Exactitud
3. Controles de Autorización
4. Controles de Custodia
5. Controles de Existencia Física
6. Controles de Conciliación
7. Controles de Protección de Registros y Equipos.

Una vez que se tengan identificados los controles o brechas de control en el flujograma, se procede a colocarlos en la matriz de riesgos y controles con sus respectivas nomenclaturas de referencia que nos permita fácilmente entrelazarlas, es decir que la información que esté en el flujograma se pueda fácilmente ubicar en la matriz de riesgos y controles y viceversa.

Así mismo, la matriz de riesgos y controles debe tener implícito columnas que permitan visualizar fácilmente a que categoría de control se corresponde cada control o brecha de control que se esté describiendo. Lo cual permitirá al auditor asegurarse que está completa su evaluación del sistema de control interno del componente "Actividades de Control".

Cada flujograma debe tener su matriz de riesgos y controles, lo importante es que dentro de la auditoría que se esté realizando, la suma de flujogramas y matrices de riesgos y controles, permita abarcar todos los procesos que comprenden el alcance de la revisión que conlleven a el logro de la totalidad de los objetivos de esa auditoría y por ende el auditor tenga la seguridad razonable sobre las opiniones que emitirá en su Informe de Auditoría.

Los 7 tipos de control antes mencionados, deben claramente especificarse dentro de las matrices de riesgos y controles, es lo que nos permitirá visualizar fácilmente que existen dentro de los procesos que se están evaluando, la ausencia de ellos, es evidencia de una brecha de control interno, a excepción que esos tipos de control estén dentro de otro flujograma y matriz de riesgos y controles que aún no se haya elaborado.

Así mismo, la matriz de riesgos y controles que se prepare debe incluir una columna que permita identificar si el control está inmerso dentro de un sistema automatizado, porque de ser así, se deben realizar pruebas de auditoría adicionales sobre el ingreso y actualización de la data maestra sin que haya que esperar que auditores especialistas de sistemas realicen su evaluación específica. Es una necesidad realizarlo como parte de cualquier revisión de auditoría.

Una vez que en cada matriz de riesgos y controles se hayan descrito los controles o brechas de control, se procede a indicar para cada uno de ellos que riesgos inherentes mitigan, al terminar de indicarlos, se procede a agrupar los controles por los riesgos que son similares.

Por último, se procede a indicar dentro de la matriz de riesgos y controles sí se probará o no el control y sí se evaluará o no la brecha de control, para aquellas que la respuesta es positiva, se procede a indicar la prueba de auditoría que se realizará, que es simplemente proceder a repetir el proceso de control que se realiza dentro del período que se está evaluando, para ello, el auditor procederá a indicar si realizará la revisión del 100% de transacciones donde ello sea factible o la revisión de una muestra. En el caso de las brechas de control, debe buscar dentro de los procesos ya sea igualmente sobre la revisión del 100% de transacciones o de una muestra de ellas, los errores que pudieran existir como consecuencia de esa ausencia. Es así como, se obtiene el programa de trabajo a la medida para que el auditor pueda ejecutar la revisión de auditoría con pasos seguros y de forma asertiva.

A través del Microsoft Excel, se puede fácilmente realizar la matriz de riesgos y controles, a continuación la narrativa de qué debería contemplar:

Las tres primeras filas de la Hoja de Excel, deben identificar:

Fila 1: Nombre de la empresa, organización o ente

Fila 2: Nombre de la Auditoría o del Proceso de Revisión

Fila 3: Nombre del Proceso sujeto a Análisis

Fila 4, irán los encabezados de las columnas que deberían indicar:

- Columna A: Número de Riesgo
- Columna B: Descripción del Riesgo Específico
- Columna C: Importancia del Riesgo (Alto, Moderado, Bajo)
- Columna D: Descripción del Control o Brecha de Control
- Columnas E hasta la Columna K, se van a colocar los 7 tipos de controles correspondientes a Actividades de Control, una columna para colocar el nombre de cada uno de ellos. Recordemos que esos 7 tipos de control son:

1. Controles de Población.
2. Controles de Exactitud.
3. Controles de Autorización.
4. Controles de Custodia.
5. Controles de Existencia Física.

6. Controles de Conciliación.
7. Controles de Protección de Registros y Equipos.

• Columna L: Ambiente Procesamiento Electrónico de Datos – Control de Computador.

• Columna M: Ambiente Procesamiento Electrónico de Datos – Control de Usuario.

• Columna N: Número de Control o Brecha de Control, esto es para hacer una referencia cruzada, que permita asociarlo con el Diagrama de Flujo respectivo.

• Columna O: Brecha "B" o Control "C".

• Columna P: Dueño del Proceso.

• Columna Q: ¿Control efectivo? (para responder exclusivamente sí o no).

• Columna R: ¿Se Probará el Control o se evaluará la Brecha de Control? (para responder exclusivamente sí o no).

• Columna S: Prueba de Auditoría.

PROGRAMAS DE AUDITORÍA ASERTIVOS

TÉCNICAS PARA ELABORACIÓN DE PROGRAMAS DE AUDITORÍA ASERTIVOS

Los programas de auditoría que se desarrollen, deben en primer lugar estar en línea directa con los objetivos y los alcances de la auditoría.

Existen dos tipos de programas de auditoría, los generales y los específicos. Los programas de trabajo generales comprenden a grandes rasgos que se quiere cubrir en la auditoría y son utilizados en los procesos de auditoría interna como parte del contenido de presentación de la primera reunión de planificación de la auditoría que se da con los niveles superiores de la estructura organizativa objeto de auditoría, por otra parte, los programas de trabajo de auditoría específicos, forman parte de la revisión propiamente dicha de la auditoría, forman parte del expediente de papeles de trabajo, y deben ser el enlace entre los resultados de las pruebas de auditoría y las observaciones o hallazgos que se muestren dentro del Informe de Auditoría.

De acuerdo con las normas que regulan el ejercicio de la profesión del auditor, indican que la suficiencia y competencia de los programas de trabajo de auditoría específicos debe ser tal que permita a una persona ajena a su ejecución repetir los pasos indicados en dichos programas y llegar a las mismas conclusiones.

Dejar programas de auditoría específicos dentro de los papeles de trabajo de una auditoría, no es electivo para un auditor, es una obligación, porque debe dejar la trazabilidad de cómo llegó a los resultados que está dejando como soportes de su revisión. Esos programas se asimilan a una receta de cocina o de una fórmula química que permitan a un tercero siguiendo sus instrucciones alcanzar un resultado específico e inclusive para el mismo auditor luego de transcurrido un tiempo.

Para iniciar cualquier revisión de auditoría ya tenemos un camino andado, porque recordemos que tenemos unos cuestionarios modelos para evaluar el Ambiente de Control, la Estructura de Control y los Sistemas de Información, Medición e Informes. Por lo tanto, el trabajo que siempre quedará por planificar es lo concerniente a la evaluación del componente Actividades de Control, para lo cual indiqué que la mejor técnica a aplicar que permite obtener un programa de trabajo de auditoría asertivo es la elaboración del flujograma detallado de los procesos a evaluar, acompañados de su respectivas matrices de riesgos y controles.

¿Qué debemos buscar en esos flujogramas y tener el debido cuidado de contemplarlo en las respectivas matrices de riesgos y controles?, todo lo que se ha indicado en el subcapítulo "Actividades de Control".

REFERENCIAS BIBLIOGRÁFICAS

https://es.wikipedia.org/wiki/Wikipedia

http://www.auditool.org/blog/control-interno/3073-que-es-el-riesgo-riesgo-inherente-y-riesgo-residual

http://definicion.de/fraude/#ixzz4AO4Zv5Mx

http://www.definicionabc.com/general/fraude.php

www.coso.org

http://slideplayer.es/slide/5451516/ página 4 de 18

http://slideplayer.es/slide/4029004/ pág 23 de 40

http://www.monografias.com/trabajos70/informe-etica/informe-etica.shtml#ixzz479u7tBW0

http://www.cograf.com

https://elvalordelosvalores.com/los-valores-organizacionales/

http://jorgemachicado.blogspot.com/2009/07/principio.html#sthash.UPWA3Iuf.dpuf

http://www.rae.es/

http://definicion.de/actitud/#ixzz47AFCJdDp

http://www.monografias.com/trabajos82/actitudes/actitudes.shtml#ixzz47AFmjQYB

https://www.elfinancierocr.com/gerencia/Gerencia-Patricia_Brenes-productividad-habilidades_blandas-liderazgo-coaching-valores-cultura_empresarial-talento_humano_0_994100592.html

http://www.monografias.com/trabajos39/administracion-empresas/administracion-empresas.shtml

https://www.gestiopolis.com/control-interno-5-componentes-segun-coso/

http://www.gestiopolis.com/wp-content/uploads/2003/02/tipos-de-organizaciones-y-estructuras-organizacionales-1.gif

http://www.acueductopopoyan.com.co/wp-content/uploads/2012/08/ORGANIGRAMA.jpg

https://economiamineraypetrolera.files.wordpress.com/2012/07/dibujo-11.jpg

http://www.rrhh-web.com/analisisdepuesto.html

http://www.aulafacil.com/uploads/cursos/2314/editor/funciondelaorganizacionenlaempresa9.jpg

http://www.scielo.org.ve/img/fbpe/rcs/v13n3/art06cua2.gif

http://www.catalogodelogistica.com/documenta/contenido/109612/Indicadores-de-gestion-por-ingenieria-GRANDE.fw.png

https://www.pdcahome.com/wp-content/uploads/2013/05/grafica-indicador.png

http://indicabsc.weebly.com/uploads/9/3/5/7/9357109/3323813_orig.jpg

http://indicabsc.weebly.com/uploads/9/3/5/7/9357109/4574975_orig.jpg

https://www.esan.edu.pe/conexion/bloggers/2015/05/11/grafica_tablero_gestion_1.png

http://3.bp.blogspot.com/-cC2Lq0O1Ww0/UMapq0y9JJI/AAAAAAAAF2c/QJMJJB5a9Xk/s1600/Gestion+Empresarial.jpg

https://isoscorecard.files.wordpress.com/2016/12/ficha-4.png?w=900

https://i.pinimg.com/originals/bd/0d/c7/bd0dc7ed92902d643feb63220a3cb963.jpg

http://descuadrando.com/Estructura_organizativa

https://www.auditool.org/blog/control-interno/4413-que-es-coso

https://www.aec.es/web/guest/centro-conocimiento/coso

http://www.consejo.org.ar/comisiones/com_43/files/coso_2.pdf

Ley Sarbanes-Oxley, título oficial en inglés Sarbanes-Oxley Act of 2002, Pub. L. No. 107-204, 116 Stat. 745 (30 de julio de 2002), es una ley de Estados Unidos conocida como la Ley de Reforma de la Contabilidad Pública de Empresas y de Protección al Inversionista, también llamada SOx, SarbOx o SOA.

Ley Orgánica de la Contraloría General de la República y del Sistema Nacional de Control Fiscal publicada en la Gaceta Oficial de la República Bolivariana de Venezuela N.° 6.013 Extraordinario del 23-12-10, link http://www.cgr.gob.ve/site_content.php?Cod=015.

Internal Control For Computerized Systems. Jerry Fitzgerald, Managing Consulting, 506 Barkentine Redwood City, California 94065. Printed in The United States of America, Library of Congress Catalog Card Number 0-7869677 International Standard Back Number 0-9324. Edited and Designed by Susan V. Welling, Palo Alto, California.

Audits of Entities With Oil And Gas Producing Activities prepared by the Oil and Gas Committee o.f American Institute of Certified Public Accountants. AICP New York. Copyright 1986.

Auditing in a Computer Based Environment, www. aicaglobal.com>technical-articles.

Computer Control and Audit, Published by The Institute of Internal Auditors and Distributed by Q.E.D. Information Sciencies, Inc Mass 01281 William C. Mairs, W. Donald R. Wood and Keagle W. Davis.

Auditoria Administrativa, Evaluación de los Métodos y Eficiencia Administrativa , William P. Leonard, Ingeniero y Asesor en Administración. Editorial Diana, México. Primera Edición Mayo de 1971. Título Original: The Management Audit Copyright Prentice Hall, Inc. New Jersey.

Quality Audit for Improved Performance, Dennis R. Arter. Copyright 1989 by ASQC Library of American Society for Quality Control, printed in the United States of America. Congress Cataloging-in-Publication Data.

Evaluación del Rendimiento Operativo, Como Establecer y Administrar una Auditoria Integral , Price Waterhouse. Compicao e Impressao Bandeirante S.A. Grafica Editora. Fone: 452-3444 , Autores: Edward J. Haller, CPA, Socio, Dr. Richard E. Brown, Consultor Especial, Robert L. Clemens, CPA, Gerente, Ralph A. Hoffman, CPA, Socio.

El Control Interno en los Negocios. Joaquín Gómez Morfín Fondo de Cultura Económica. México-Buenos Aires. Primera Edición 1954, Segunda Edición 1956 y Tercera Edición (reimpresa) 1960.

Principios de Auditoria, Walter R. Meigs Ph. D., CPA Profesor de Contabilidad y Director de la Facultad de Contabilidad en la Universidad de California Sur. Editorial Diana, Mexica Primera Edición 1971. Traducida: Gabriel Heffes, Gerente de la Firma Deloitter Alender, Hasking Sells.

Auditoria, Principios y Procedimientos. Arthur W. Holmes, CPA. Profesor de Contabilidad de la Universidad de Cincinatti.: Traducción al Español: Francisco Contro Malo. Unión Tipográfica Editorial Hispano Americana. México, Título original inglés Auditing, 5th ed. Principles and Procedure.

La Administración de Negocios Electrónicos, Roland Mathies. Una Guía de Referencia para los ejecutivos. Creación y Edición: Publicistas Asociados C.A. PAS. Impresión Litográfica Fotocrom, C.A. Venezuela. Edición Privada de Seguros Caracas, Marzo 1971.

La Auditoría Forense Como Herramienta para la Investigación de Fraude Corporativo, Autor: Antonio José Rojas, Caracas, 2009, Segunda Edición, 2009. FEDUPEL -Fondo Editorial de la Universidad Pedagógica Experimental Libertador, La Editorial Pedagógica de Venezuela.

CURRÍCULUM VITAE DEL AUTOR DEL LIBRO

Nombre: Mireya Guerrero Peña

Lugar de Nacimiento: Cabimas, Estado Zulia, Venezuela, noviembre 16, 1960.

Nacionalidad: Venezolana

Profesión: Contador Público – Universidad Central de Venezuela, 1.987

Idiomas: Español (lengua nativa), Inglés (nivel de dominio: conversacional avanzado medio)

Email: meyaguerrerop@gmail.com

Experta en:

- Auditorías Internas en el Área Petrolera, Bancario, Manufacturación, Construcción, Consumo Masivo.

- Evaluación de Sistemas de Control Interno (a través de Flujogramas, Matrices de Riesgos y Controles, Realización Programas de Auditoría a la medida).

- Evaluación de Normas y Procedimientos en general.

- Diseñadora, Creadora y Facilitadora de Cursos en el área de Auditoría Interna: Papeles de Trabajo y sistema AutoAudit / Elaboración de Informes de Auditoría / Elaboración de Flujogramas, Análisis de Procesos, Matrices de Riesgos y Controles y Programas de Trabajo de Auditoría.

EXPERIENCIA LABORAL (PUESTOS DESEMPEÑADOS): para julio de 2018, tengo acumulado un total de 41 años de experiencia:

- **Agosto 2013 – actualidad**: libre ejercicio de la profesión de contaduría pública.

- **Junio 1989 /agosto 2013 (24 años)** PDVSA, área: Auditoría Interna. Cargos desempeñados en los últimos 5 años: Asesor de la Dirección de Auditoría Interna (Octubre 2012 – Agosto 2013), Gerente de Auditoría del Centro Refinador Paraguaná "CRP" (Mayo 2011 – Octubre 2012) , Líder Corporativo Comité de Control de Contrataciones de Obras y Servicios de toda la Industria Petrolera y Petroquímica (Nov 2010 – Agosto 2011), Gerente (E) CRP Dic 2009-Enero 2010, Integrante Comité de Aseguramiento Mejoramiento de la Calidad de Auditoría (Enero-Mayo 2009); Gerente de Auditoría (E) Refinería Puerto La Cruz (Abril – Junio 2008). En el interín de esas posiciones, facilitador Cursos de Auditoria, Auditor Interno.

Dentro de PDVSA y sus Empresas Filiales realicé auditorías en: (1) Área de Comercio y Finanzas Internacionales: Comercialización, Facturación y Cobranzas de Ventas Internacionales, Programación de Cargamentos, Reclamos por Demoras de Buques y de Volúmenes, manejo del Sistema SAP y STARS), (2) Finanzas Corporativa: Nómina, Pagos, Bancos, Proveedores, Cobranzas, Fideicomisos de Prestaciones Sociales con Bancos y Compañías de Seguros. (3) Bariven: Compras, Inventarios, Procesos de Contratación. (4) Mercadeo Nacional: Programación, Recibo y Despacho de Combustible del Sistema Carenero-Guatire, Pagos a Proveedores (5) Recursos Humanos: Reclutamiento, Selección y Contratación de Personal (6) Asociaciones Cerro Negro (convenio de la faja del Orinoco) (7) Proyecto de Gas Antonio José de Sucre (antiguo Cristóbal Colón) (8) Refinación: procesos de Programación, Documentación de Buques Tanqueros tanto para recibos como para despachos de Petróleo Crudo y de Productos Refinados y sus correspondientes registros contables; Facturación, Cobranzas y registros contables de Servicios Portuarios, Programación, Despachos, Documentación y Facturación de Cargamentos para Exportación; Procesos de Medición de volúmenes despachados; Inventarios en tanques de almacenamiento (09) Contratación de Obras, Bienes y Servicios. (10) Gerencia de Salud: reembolsos a asegurados, contratación y pagos a clínicas, inventarios de medicinas (11): Implantación en PDVSA-CRP y PDV-MARINA del Código de Protección de Buques e Instalaciones Portuarias (PBIP). (12) Paradas de Plantas. (13) Auditorías a Proyectos en General (14) Auditorías de Mantenimientos Ordinarios en Instalaciones Petroleras. (15) Auditorias a Sistemas Contra Incendio en Instalaciones Petroleras. (16) Mantenimiento de Pozos. (17) Mantenimiento mayor de aviones. (18) Administración y gerencia de emisoras de radio. (19) Laboratorios de Refinación Petrolera. (20) Mantenimiento mayor a tanques de almacenamiento de petróleo crudo y de productos refinados. (21) Manejo de comedores industriales. (22) Observador en Comisiones de Licitación de la Industria Petrolera.

- **Agosto 1984 / junio 1989 (5 años)**, KPMG, área Auditoría Externa, Ultimo cargo: Senior de Auditoría; Empresas donde laboré como Senior: Banco Provincial, Banco Venezuela, Banco Internacional; Molinos Nacionales "Monaca", Grupo Coca Cola. Trabajos especiales de Cartas de Crédito Sector Bancario bajo régimen del control cambiario. Sectores donde laboré en general: Banca, Construcción, Informática, Manufactura, Consumo Masivo. En el interín, laboré un año (1.985-1.986) en el área de consultoría de la Firma, donde me hice experta en evaluaciones del sistema de control interno de la banca comercial y agencias de viajes, lo cual redundó personalmente para mí, en la aplicación de la técnica en la ejecución de las auditorías externas.

- **Agosto 1982 / Julio 1984 (2 años)**, Círculo de Lectores, S.A., Área de Finanzas y Contabilidad, último cargo ejercido Contador (E).

- **Sept 1977 / julio 1982 (5 años)** Área Bancaria: Banco Unión Departamentos de Contabilidad, Créditos e Informática. Cargos ejercidos: Auxiliar de Contabilidad.

EXPERIENCIA DOCENTE A NIVEL EMPRESARIAL: 11.825 Horas.

- Diseñé e impartí cursos a personal de la Dirección de Auditoría de PDVSA a nivel nacional en Venezuela y fuera del país (Refinería Isla de Curazao), desde los años 1992 hasta 2013. Cursos tales como "Papeles de Trabajo de Auditoría", "Análisis de Procesos, Elaboración de Flujogramas y Programas de Trabajo de Auditoría". **Total 9.600 Horas.**

- Orador en Conferencias sobre la Legislación Venezolana contra La Corrupción: **Total de 775 horas.** Lugar: Centro Refinador Paraguaná. Sedes Amuay y Cardón, período: Noviembre 2010 - Febrero 2.011.

- Diseñadora y Facilitadora del Módulo de Procesos de Auditoría en el programa intensivo de Procesos de Paradas de Plantas de Refinerías Petroleras.: **Total 1.400 horas.** Lugar: Centro Refinador Paraguaná, Sede Amuay. Años 2.008-2.011.

- Diseñadora y Facilitadora del Módulo Proceso de Auditorías, en el Evento de Paradas de Plantas, 4th Global Praxis Interactive Technology Workshop, **Total 50 horas.** Lugar: Ciudad de Panamá, Panamá. Noviembre 24 al 26, 2014.